DR. OETKER

SPARGEL

zarter Genuß in weiß und grün

DR. OETKER

SPARGEL

zarter Genuß in weiß und grün

CERES

Vorwort

Weiß, grün, blau oder wild – frischer Spargel ist der König der Gemüse. Spargel ist eines der ältesten Gemüse überhaupt. Schon in der Steinzeit wurde wilder Spargel gegessen, und bereits im alten Ägypten wurden die Spargelpflanzen kultiviert. In Deutschland begann der Spargelanbau im 16. Jahrhundert in Schwaben, wo auch heute noch in der Gegend von Stuttgart große Spargelanbaugebiete liegen. Spargel ist einmalig – der Schlankmacher aus der Familie der Liliengewächse wird auch heute noch sehnsüchtig erwartet.

Gedünstet, mit sahnigen Saucen, als Gratin, mit frischen Kräutern oder einfach mit zerlassener Butter gilt er in vielen Ländern als unvergleichliche Delikatesse. Hier haben wir bekannte und unbekannte Rezepte aus aller Welt zusammengetragen, damit Sie in der „Schwemmezeit des Spargels“ und auch das ganze Jahr Spargel auf vielfältige Weise zubereiten können.

Abkürzungen

EL = Esslöffel
TL = Teelöffel
Msp. = Messerspitze
Pck. = Packung / Päckchen
g = Gramm
kg = Kilogramm
ml = Milliliter
l = Liter
evtl. = eventuell
geh. = gehäuft
gestr. = gestrichen
TK = Tiefkühlprodukt
°C = Grad Celsius
Ø = Durchmesser
E = Eiweiß
F = Fett
Kh = Kohlenhydrate
kcal = Kilokalorien
kJ = Kilojoule

Hinweise zu den Rezepten

Lesen Sie bitte vor der Zubereitung – besser noch vor dem Einkaufen – das Rezept einmal vollständig durch. Oft werden Arbeitsabläufe oder -zusammenhänge dann klarer.

Zubereitungszeiten

Die Zubereitungszeit beinhaltet sowohl Vorbereitungszeit als auch eigentliche Zubereitungszeit. Wenn die Zeiten zum Marinieren, Quellen, Kühlen usw. ausgesprochen lang sind, z. B. über Nacht, sind diese nicht mit einbezogen.

Kapitelübersicht

Kapitelübersicht

Suppen

Schnelles Spargelsüppchen

Zutaten

500 g grüner Spargel, Suppen- oder Bruchspargel
700 ml Gemüse- oder Hühnerbrühe
Salz
frisch gemahlener Pfeffer
Zucker
100 ml Schlagsahne
1 EL gebräunte Mandelblättchen
Schnittlauchröllchen

Zubereitungszeit:
35 Minuten

Pro Portion:
E: 8 g, F: 14 g, Kh: 4 g, kJ: 774, kcal: 185

SCHNELL – EINFACH

1 Vom Spargel evtl. das untere Drittel schälen, Spargel waschen, in der Brühe in etwa 15 Minuten weich kochen.

2 Mit dem Pürierstab fein pürieren und evtl. durch ein Sieb streichen.

3 Mit Salz, Pfeffer und Zucker abschmecken. Sahne unterrühren. Mit Mandelblättchen und Schnittlauchröllchen bestreut servieren. Nach Belieben mit geschlagenem Sahnehäubchen garnieren.

Tipp: *Doppeltes Rezept zubereiten, läßt sich gut einfrieren. In kleinen Portionen einfrieren und bei Bedarf auftauen.*

Veränderung: *Als Einlage die Spargelspitzen verwenden, diese dann nur 10 Minuten garen und vorher herausnehmen. Oder als Einlage Shrimps oder Krabben verwenden. Gut schmeckt die Suppe auch mit gerösteten Weißbrotwürfeln oder mit Schinkenstreifen.*

Spargelsuppe

Zutaten

250 g weißer Spargel
500 ml (½ l) Salzwasser
1 gestr. TL Zucker
10 g Butter
250 ml (¼ l) Milch
20 g Butter oder Margarine
15 g Weizenmehl
500 ml (½ l) Spargelkoch-flüssigkeit
Salz
Zucker
1 Eigelb (Größe M)
2 EL Schlagsahne

Zubereitungszeit:
40 Minuten

Pro Portion:
Pro Portion:
E: 4 g, F: 12 g, Kh: 11 g
kJ: 730, kcal: 174

KLASSISCH

1 Spargel von oben nach unten schälen, darauf achten, dass Schalen und holzige Stücke völlig entfernt, die Köpfe aber nicht verletzt werden, die Enden abschneiden.

2 Spargel waschen, in 3 cm lange Stücke schneiden. Salzwasser, Zucker und Butter zum Kochen bringen, Spargelenden und -schalen hinzufügen, zum Kochen bringen, gar kochen lassen.

3 Das Spargelwasser durch ein Sieb gießen, mit der Milch auffüllen. Die Spargelstücke hineingeben, zum Kochen bringen, gar kochen lassen, zum Abtropfen auf ein Sieb geben, von der Flüssigkeit 500 ml (½ l) abmesssen.

4 Butter oder Margarine zerlassen, Weizenmehl unter Rühren so lange darin erhitzen, bis es hellgelb ist. Spargelkochflüssigkeit hinzugießen, mit einem Schneebesen durchschlagen, darauf achten, dass keine Klümpchen entstehen. Die Suppe zum Kochen bringen, 5 Minuten kochen lassen, mit Salz und Zucker abschmecken.

5 Eigelb mit Sahne verschlagen, die Suppe damit abziehen (nicht mehr kochen lassen). Die Spargelstückchen in die Suppe geben.

Tipp: *Schinken in Streifen schneiden und in die Suppe geben.*

Abwandlung: *Wenn die Suppe etwas gehaltvoller sein soll, die Spargelflüssigkeit reduzieren und 250 ml (¼ l) Schlagsahne hinzufügen. Für eine Schwarzwurzelsuppe wird der Spargel durch Schwarzwurzeln ersetzt.*

Spargel-Reis-Suppe

Zutaten

500 g Spargel
375 ml (3/8 l) Wasser
125 g Langkornreis
250 ml (1/4 l) kochendes Salzwasser
1 EL Butter
20 g Weizenmehl
500 ml (1/2 l) Hühnerbrühe
frisch gemahlener Pfeffer
Salz
geriebene Muskatnuss
Zitronensaft
1 Bund Kerbel

Zubereitungszeit:
50 Minuten

Pro Portion:
E: 26 g, F: 7 g, Kh: 42 g,
kJ: 1396, kcal: 333

PREISWERT

1 Spargel von oben nach unten schälen, darauf achten, dass Schalen und holzige Stücke völlig entfernt, die Köpfe aber nicht verletzt werden. Die Enden abschneiden. Den Spargel waschen, in etwa 3 cm lange Stücke schneiden, die Schalen und Enden mit Wasser zum Kochen bringen. 15 Minuten kochen lassen, abgießen. Das Spargelwasser auffangen, die Spargelstücke hineingeben, zum Kochen bringen, etwa 15 Minuten kochen lassen.

2 Langkornreis in Salzwasser geben, zum Kochen bringen, in etwa 20 Minuten ausquellen lassen. Den garen Reis auf ein Sieb geben, mit kaltem Wasser übergießen, abtropfen lassen.

3 Butter zerlassen. Mehl hinzufügen, unter Rühren so lange darin erhitzen, bis es hellgelb ist.

4 Hühnerbrühe hinzugießen, mit einem Schneebesen durchschlagen, zum Kochen bringen, 5 Minuten kochen lassen.

5 Spargel mit Spargelwasser und Reis in die Suppe geben, erhitzen, mit Pfeffer, Salz, Muskatnuss und Zitronensaft abschmecken.

6 Kerbel waschen, trockentupfen, fein schneiden, auf die Suppe geben.

Tipp: *Wer die Hühnerbrühe selbst zubereitet, kann etwas Hühnerfleisch in kleine Würfel schneiden und die Suppe dann als Hauptgericht servieren. Hühnerbrühe ist als Grundlage für Spargelsuppe ideal. Man sollte sie in größeren Mengen zubereiten und portionsweise einfrieren.*

Spargelsuppe mit Kalbfleischklößchen

1 Kalbfleisch unter fließendem kalten Wasser abspülen, trockentupfen und durch die feine Scheibe des Fleischwolfes drehen.

2 Toastbrot entrinden, das Brot in kaltem Wasser einweichen, ausdrücken, mit dem Ei zum Fleisch geben.

3 Basilikum abspülen, trockentupfen, fein hacken, unter den Fleischteig kneten, den Teig mit Salz, Pfeffer und Muskat abschmecken. 36–40 kleine Klöße daraus formen, in kochendem Wasser 15 Minuten gar ziehen lassen.

4 Spargel schälen (bei grünem Spargel nur das untere Drittel), waschen, die Enden abschneiden, den Spargel in Stücke schneiden.

5 Brühe mit Butter und Zucker zum Kochen bringen, den Spargel darin 15–20 Minuten kochen. Die Fleischklößchen in die Suppe geben, mit Salz und Pfeffer würzen.

6 Petersilie abspülen, trockentupfen, die Blättchen von den Stengeln zupfen, fein hacken, vor dem Servieren in die Suppe geben.

Veränderungen: *Wenn es etwas schneller gehen soll, die Kalbfleischklößchen durch Kalbfleischbrät (gibt es beim Metzger fertig zu kaufen) oder durch kleine Klößchen aus Thüringer Mett ersetzen. Gut schmeckt die Suppe auch, wenn zusätzlich frische Zuckerschoten mitkochen.*

Zutaten

- 300 g mageres Kalbfleisch
- 3 Scheiben Toastbrot
- 1 Ei (Größe M)
- 1 Bund Basilikum
- Salz
- frisch gemahlener Pfeffer
- Muskatnuss
- 500 g weißer und grüner Spargel
- 1 l Rindfleischbrühe
- 20 g Butter
- 1 Prise Zucker
- 1 Bund glatte Petersilie

Zubereitungszeit:
35 Minuten

Pro Portion:
E: 29 g, F: 15 g, Kh: 14 g, kJ: 1386, kcal: 332

PREISWERT

Bunte Spargelcremesuppe

Zutaten

Für die Brandteigklößchen:
125 ml (⅛ l) Milch
1 Prise Salz
60 g Butter
100 g Weizenmehl
2–3 Eier (Größe M)

Für die Suppe:
700 g weißer Spargel
150 g grüner Spargel
150 g Thai- oder Wildspargel
250 ml (¼ l) Geflügel- oder Rinderbrühe
Salz
frisch gemahlener Pfeffer
Zucker
125 ml (⅛ l) Schlagsahne
2 Eigelb (Größe M)
Kerbelblättchen zum Garnieren

Zubereitungszeit:
60 Minuten

Pro Portion:
E: 17 g, F: 33 g, Kh: 28 g
kJ: 2086, kcal: 498

RAFFINIERT

1 Für die Brandteigklößchen Milch, Salz und Butter am besten in einem Stieltopf zusammen aufkochen.

2 Den Topf von der Kochstelle nehmen, Mehl sieben, auf einmal in die Flüssigkeit schütten und mit einem Kochlöffel zu einem glatten Kloß rühren. Unter Rühren etwa 1 Minute erhitzen, bis sich der Teig vom Topfrand löst. Den Teig in eine Schüssel geben.

3 Nacheinander Eier mit Handrührgerät mit Knethaken auf höchster Stufe unterarbeiten (die Anzahl der Eier hängt von der Beschaffenheit des Teiges ab, er muß stark glänzend sein), den Teig in einen Spritzbeutel mit Lochtülle füllen und kleine Häufchen auf ein gefettetes, bemehltes Backblech spritzen. In den Backofen schieben.

Ober-/Unterhitze: 200–220 °C (vorgeheizt)
Heißluft: 180–200 °C (vorgeheizt)
Gas: Stufe 4–5 (vorgeheizt)
Backzeit: etwa 15 Minuten.

4 Für die Suppe weißen und grünen Spargel schälen, in Stücke schneiden, Thaispargel waschen. Brühe mit Gewürzen zum Kochen bringen, Spargel hinzugeben. In 10–12 Minuten weich kochen (Wildspargel ist schneller gar).

5 Den Spargel aus dem Sud nehmen. Weiße Spargelspitzen abschneiden, mit dem grünen Spargel und Wildspargel in Stücke schneiden, zur Seite legen. Weißen Spargelrest in den Sud legen, mit dem Mixer fein pürieren.

6 Sahne und Eigelb in die Suppe geben, cremig aufschlagen, aber nicht mehr kochen lassen. Spargelspitzen und Spargelstücke hinzugeben und erwärmen.

7 Suppe in Teller füllen. Je 3 Brandteigklößchen in die Suppe geben. Mit Kerbelblättchen garnieren.

Tipp: *Sie können die Brandteigklößchen einfrieren oder in einer gut geschlossenen Blechdose etwa 14 Tage aufbewahren.*

Spargel-Kerbel-Suppe mit Hackklößchen

Zutaten

Für die Hackklößchen:
200 g Tatar oder gemischtes Hackfleisch
2 EL weiche Butter
1 Eigelb (Größe M)
30 g Semmelbrösel
1 EL feingehackte Petersilie
Salz
frisch gemahlener Pfeffer
geriebene Muskatnuss

Für die Suppe:
750 g weißer Spargel
250 g Champignons
1 Bund Suppengrün
3 Frühlingszwiebeln
3 EL Butter
750 ml (¾ l) Gemüsebrühe
3 EL Crème fraîche
2 EL gehackte Kerbelblättchen

Zubereitungszeit:
40 Minuten

Pro Portion:
E: 19 g, F: 20 g, Kh: 14 g,
kJ: 1337, kcal: 319

GUT VORZUBEREITEN

1 Für die Hackklößchen Tatar, Butter, Eigelb, Semmelbrösel und Petersilie zu einer geschmeidigen Masse verkneten. Mit Salz, Pfeffer und Muskatnuss würzen. Aus der Masse Klößchen formen.

2 Für die Suppe Spargel schälen und die Enden abschneiden. Spargel waschen, abtropfen lassen und in etwa 3 cm lange Stücke schneiden. Champignons putzen, mit Küchenpapier abreiben, evtl. abspülen und in Scheiben schneiden. Suppengrün und Frühlingszwiebeln putzen, waschen und in feine Streifen schneiden.

3 Butter zerlassen, Gemüsestreifen darin leicht andünsten, Brühe hinzugießen und zum Kochen bringen. Spargelstückchen hinzufügen, zum Kochen bringen. Nach etwa 10 Minuten Champignons und Klößchen dazugeben, etwa 5 Minuten bei schwacher Hitze gar ziehen lassen.

4 Crème fraîche unterrühren und Kerbel auf die Suppe geben.

Veränderung: *Statt der Hackfleischklößchen rohe oder gekochte Schinkenstreifen oder gebratene Hühnerbruststreifen in die Suppe geben. Sie können die Suppe auch mit etwas Weißwein abschmecken.*

Spargelsuppe mit Riesengarnelen und Zucchinikugeln

Zutaten

1 kg weißer Spargel
750 ml (¾ l) Salzwasser
1 TL Zucker
1 TL Butter
1 große Zucchini (250 g)
150 g Butter
1 Bund Dill
16 ausgelöste, küchenfertige Riesengarnelen
100 ml trockener Weißwein
500 ml (½ l) Spargelkochflüssigkeit
400 ml Schlagsahne
Salz
frisch gemahlener weißer Pfeffer

Zubereitungszeit:
50 Minuten

Pro Portion:
E: 45 g, F: 66 g, Kh: 12 g,
kJ: 3680, kcal: 879

FÜR GÄSTE

1 Spargel von oben nach unten schälen, die unteren Enden abschneiden (holzige Stellen vollkommen wegschneiden), Spargel waschen. Die Köpfe in etwa 5 cm Länge abschneiden, in dem Salzwasser mit Zucker und Butter etwa 8 Minuten kochen, Köpfe herausnehmen.

2 Spargelstangen in kleine Stücke schneiden, zusammen mit den Schalen in das Spargelwasser geben und etwa 25 Minuten kochen lassen. Alles durch ein Sieb gießen, Kochflüssigkeit auffangen und 500 ml (½ l) abmessen.

3 Zucchini abspülen, mit einem kleinen Kugelausstecher Kugeln ausstechen. 50 g der Butter zerlassen und Zucchinikugeln darin andünsten.

4 Dill abspülen, trockentupfen, die Blättchen von den Stängeln zupfen und einige Spitzen zum Garnieren beiseite legen. Den Rest hacken, zusammen mit den Riesengarnelen zu den Zucchinikugeln geben, kurz andünsten und mit Wein ablöschen.

5 Spargelflüssigkeit und Sahne auf ⅔ der Menge einkochen lassen, mit Salz und Pfeffer abschmecken.

6 Die restliche Butter mit einem Schneebesen in kleinen Flöckchen unterschlagen. Spargelköpfe in die Suppe geben, die Suppe in Teller füllen, einige Zucchinikugeln und Garnelen hinzufügen, mit Dillspitzen garnieren und servieren.

Tipp: *Die Butter zum Binden der Suppe muß eiskalt sein.*

Spargelcremesuppe

Zutaten

400 g Suppenspargel
375 ml (3/8 l) Wasser
1 TL Salz
1 gestr. TL Zucker
10 g Butter
250 ml (1/4 l) Milch
20 g Butter
15 g Weizenmehl
600 ml Spargelkoch-flüssigkeit
1 Prise Zucker
1 Eigelb
2 EL Schlagsahne
50 g gekochter Schinken, in Scheiben
1 EL gehackte Petersilie

Zubereitungszeit:
40 Minuten

Pro Portion:
E: 9 g, F: 18 g, Kh: 11 g, kJ: 1076, kcal: 257

PREISWERT

1 Spargel waschen, von oben nach unten schälen, Enden abschneiden. Darauf achten, dass Schalen und holzige Stücke völlig entfernt, die Köpfe aber nicht verletzt werden. Wasser mit Salz, Zucker und Butter zum Kochen bringen. Spargelenden und -schalen hinzufügen, zum Kochen bringen und etwa 20 Minuten kochen lassen. Das Spargelwasser durch ein Sieb gießen und mit Milch auffüllen.

2 Spargelstangen in 3 cm lange Stücke schneiden, in die Flüssigkeit geben, zum Kochen bringen, etwa 10 Minuten kochen lassen und zum Abtropfen auf ein Sieb geben. Von der Flüssigkeit 600 ml abmessen.

3 Butter zerlassen und Mehl unter Rühren so lange darin erhitzen, bis es hellgelb ist. Spargelkochflüssigkeit hinzugießen und mit einem Schneebesen durchschlagen, dabei darauf achten, dass keine Klümpchen entstehen. Suppe zum Kochen bringen, etwa 5 Minuten kochen lassen und mit Salz und Zucker abschmecken.

4 Eigelb mit Sahne verschlagen und die Suppe damit abziehen (nicht mehr kochen lassen).

5 Schinken in Streifen schneiden, mit den Spargelstücken in die Suppe geben und mit Petersilie bestreuen.

Spargelcremesuppe mit pikanten Crêpes-Röllchen

1 Für die Suppe den Spargel von oben nach unten schälen, darauf achten, dass die Schalen vollständig entfernt, die Köpfe aber nicht verletzt werden, die unteren Enden abschneiden (holzige Stellen vollkommen wegschneiden), den Spargel abspülen und in 2 cm lange Stücke schneiden. In Salzwasser mit Zucker und Butter 15–20 Minuten kochen, auf ein Sieb geben. Das Spargelwasser aufheben, evtl. mit Wasser auf 500 ml (½ l) ergänzen.

2 2 Esslöffel Butter in einem Topf erhitzen, Mehl darin hell anschwitzen und mit 500 ml (½ l) Spargelsud aufgießen, glattrühren, damit keine Klümpchen entstehen, und 5 Minuten köcheln lassen.

3 Die Suppe mit Muskat, Pfeffer und Salz abschmecken. Die Spargelstücke hinzufügen.

4 Die Tomaten überbrühen und enthäuten. In Würfel schneiden, mit dem Korn in die Suppe geben.

5 Für die Füllung der Crêpes alle Zutaten miteinander verrühren.

6 Für die Crêpes aus den Zutaten einen Crêpeteig zubereiten, und in jeweils 1 Esslöffel Öl daraus 2–3 Crêpes backen. Die Kräuter-Frischkäsemasse darauf verteilen, aufrollen und jedes Crêpe fest in Alufolie einrollen. In kochendem Wasser etwa 15 Minuten gar ziehen lassen. Anschließend die Folie entfernen und die Crêpesröllchen in Scheiben schneiden.

7 Die Spargelsuppe auf Suppenteller verteilen und die Crêpes hineingeben. Sofort servieren.

Zutaten

Für die Suppe:
500 g Spargel
Salzwasser
1 TL Zucker
1 TL Butter
40 g Butter
25 g Weizenmehl
geriebene Muskatnuss
weißer Pfeffer
2 mittelgroße Tomaten
3 EL Korn
(z. B. Bommerlunder)

Für die Füllung der Crêpes:
150 g Frischkäse
1–2 EL gehackte, gemischte Kräuter, z. B. Dill, Petersilie, Kerbel
2 Eigelb (Größe M)
2 TL Speisestärke

Für die Crêpes:
75 g Weizenmehl
2 Eier (Größe M)
150 ml Milch
1 Prise Salz

2–3 EL Speiseöl

Zubereitungszeit:
90 Minuten

Pro Portion:
E: 16 g, F: 42 g, Kh: 28 g,
kJ: 2550, kcal: 609

RAFFINIERT

Spargelsalat mit Scampi

Zutaten

4–6 Portionen

250 g weißer Spargel
500 g grüner Spargel
100 g Zuckerschoten
Salzwasser
250 g Salatmischung (Feldsalat, Eichblattsalat)
12 gegarte Scampi

Für das Dressing:
3 EL Limettensaft
1 EL Sojasauce
Salz
frisch gemahlener Pfeffer
2 TL Sesamöl
3 EL Sonnenblumenöl
2 Knoblauchzehen, fein gewürfelt

Zum Garnieren:
einige Scheiben Minilimetten

Zubereitungszeit:
35 Minuten

Pro Portion:
E: 10 g, F: 10 g, Kh: 5 g
kJ: 660, kcal: 157

LEICHT

1 Weißen Spargel von oben nach unten schälen, beim grünen Spargel nur das untere Drittel schälen, die unteren Enden abschneiden (holzige Stellen vollkommen wegschneiden), Spargel abspülen, in etwa 5 cm lange Stücke schneiden. Die Zuckerschoten putzen, waschen, evtl. halbieren. Spargel in leicht gesalzenem Wasser in etwa 8 Minuten knapp gar kochen, Zuckerschoten etwa 4 Minuten kochen.

2 Kurz in eiskaltes Wasser tauchen, damit das Gemüse die Farbe behält.

3 Salat putzen, waschen, gut trockenschleudern. Das Gemüse dekorativ auf Teller verteilen. Die Scampi darauf legen.

4 Für das Dressing Limettensaft mit Sojasauce und Salz und Pfeffer verrühren, Öl unterschlagen, die Knoblauchzehen hineingeben. Das Dressing über den Salat verteilen.

5 Den Salat mit Limettenscheiben garnieren.

Spargelsalat mit Lachs

Zutaten

800 g weißer Spargel
Salzwasser
1 Prise Zucker
Butter
300 g Graved Lachs

Für die Marinade:
2 EL Himbeeressig
1 EL Sherryessig
7 EL Pflanzenöl, z. B. Rapsöl
Salz
frisch gemahlener Pfeffer
Zucker

1 Bund Dill
einige Blätter Kopfsalat

Zubereitungszeit:
45 Minuten

Pro Portion:
E: 17 g, F: 24 g, Kh: 8 g,
kJ: 1789, kcal: 427

EINFACH – GUT VORZUBEREITEN

1 Den Spargel von oben nach unten schälen, darauf achten, dass die Schalen vollständig entfernt, die Köpfe aber nicht verletzt werden. Die unteren Enden abschneiden (holzige Stellen vollkommen entfernen). Den Spargel waschen und in 3 cm lange Stücke schneiden. In Salzwasser mit etwas Zucker und Butter etwa 8 Minuten kochen. Spargelstücke gut abtropfen lassen. Den Graved Lachs in 2 cm dicke Streifen schneiden.

2 Für die Marinade aus Himbeeressig, Sherryessig, Öl, Salz, Pfeffer und Zucker eine Marinade zubereiten und über Spargel und Lachsstreifen geben.

3 Dill fein hacken, alle Salatzutaten gut mischen und 30 Minuten durchziehen lassen. Auf gewaschenen Kopfsalatblättern anrichten.

Veränderung: *Wer für diesen Salat keinen Lachs verwenden möchte, kann den Salat mit folgenden Zutaten variieren: hartgekochte Eier und Frühlingszwiebeln, gepökelte Rinderzunge und Radieschenscheiben oder gekochte Schinkenstreifen und abgezogene, in Würfel geschnittene Tomaten.*

Spargel-Garnelen-Cocktail

1 Spargel von oben nach unten schälen, die unteren Enden abschneiden (holzige Stellen vollkommen wegschneiden), Spargel abspülen und in Stücke schneiden. Wasser mit Salz, Butter und Zucker zum Kochen bringen. Spargelstücke hineingeben, zum Kochen bringen und in etwa 10 Minuten gar kochen lassen.

2 Den garen Spargel mit einem Schaumlöffel vorsichtig aus dem Kochwasser herausnehmen und abtropfen lassen. Garnelen abtropfen lassen, evtl. den Darm entfernen und mit den Spargelstücken vermengen.

3 Für die Sauce Mayonnaise mit Sahne und Sherry verrühren. Mit Zitronensaft abschmecken und mit den Salatzutaten vermengen. Den Spargelsalat auf den Salatblättern anrichten.

Tipps: *Zur Abwandlung 1 Orange schälen, filetieren, die Filets in kleine Stücke schneiden und unter den Salat geben. Den Spargelsalat in 4 ausgehöhlten Orangen anrichten, zusammen mit Toast und Butter als Vorspeise reichen.*

Zutaten

1 kg Spargel
375 ml (3/8 l) Wasser
1 TL Salz
1 EL Butter
1 Prise Zucker
250 g Garnelen, in Öl mariniert

Für die Sauce:
5 EL Mayonnaise
2 EL Schlagsahne
1 EL Sherry medium
Zitronensaft
gewaschene Salatblätter

Zubereitungszeit:
40 Minuten

Pro Portion:
E: 15 g, F: 11 g, Kh: 5 g, kJ: 792, kcal: 189

SCHNELL – ETWAS TEURER

Shrimps auf warmem Gemüsesalat

Zutaten

1 Pck. (200 g) TK-Grönland-Shrimps
250 g Zuckerschoten
je 250 g Blumenkohl- und Broccoliröschen
je 250 g weiße und grüne Spargelstücke
Brühe
4 EL Weißwein-Essig
1 TL Senf
5–6 EL Speiseöl
Salz
frisch gemahlener Pfeffer
Zucker

Für die Marinade:
2 EL Soja-Sauce
2 EL Weißwein-Essig
Salz
frisch gemahlener Pfeffer

Zubereitungszeit:
50 Minuten

Pro Portion:
E: 16 g, F: 18 g, Kh: 13 g,
kJ: 1227, kcal: 292

PREISWERT

1 Shrimps auftauen lassen und vorsichtig trockentupfen.

2 Zuckerschoten, Blumenkohl- und Broccoliröschen, weiße und grüne Spargelstücke vorbereiten. Die verschiedenen Gemüse nacheinander in etwas Brühe garen (das Gemüse soll noch bissfest sein). Anschließend abtropfen lassen.

3 Weißwein-Essig mit Senf, Speiseöl, Salz, Pfeffer und Zucker verrühren. Das noch warme Gemüse mit der zubereiteten Sauce vorsichtig vermengen und mit den Shrimps auf einer großen Platte anrichten.

4 Für die Marinade Soja-Sauce mit Essig, Salz und Pfeffer verrühren. Die Marinade über den Shrimps-Gemüsesalat verteilen.

Tipp: *Evtl. etwas Mayonnaise auf den Salat geben.*

Bamberger Spargelsalat

Zutaten

je 750 g grüner und weißer Spargel
Salzwasser
20 g Butter
Salz, Zucker
1 abgezogene Zwiebel

Für die Salatsauce:
4 EL Speiseöl
2–3 EL Essig
Salz
frisch gemahlener Pfeffer
Zucker
2–3 EL feingehackte Kräuter, z. B. Petersilie, Kerbel, Estragon

Zum Garnieren:
2 hartgekochte Eier

Zubereitungszeit:
40 Minuten

Pro Portion:
E: 5 g, F: 18 g, Kh: 4 g,
kJ: 867, kcal: 207

FÜR GÄSTE – GUT VORZUBEREITEN

1 Den weißen Spargel von oben nach unten schälen und darauf achten, dass die Schalen und holzigen Stücke vollständig entfernt sind, die Köpfe aber nicht verletzt werden, grünen Spargel nur am unteren Ende schälen. Den Spargel in 3–5 cm lange Stücke schneiden.

2 Spargelstücke in kochendem Salzwasser mit Butter, Salz und Zucker 8–10 Minuten gar kochen lassen. Die Spargelstücke zum Abtropfen auf ein Sieb geben.

3 Zwiebel abziehen, in feine Ringe schneiden, mit dem Spargel in eine Schüssel geben.

4 Für die Salatsauce die Zutaten zu einer Sauce verrühren, über den Spargel geben und gut durchziehen lassen.

5 Salat nochmals abschmecken. Die Eier pellen, klein schneiden und über den Salat streuen.

Tipp: *Spargel gedeiht besonders gut in Gegenden mit Sandboden, so z. B. rund um Bamberg, bei Schwetzingen, am Niederrhein und in der Mark Brandenburg. Im Frühjahr wird der Spargel auch aus Griechenland, Spanien, Belgien, den Niederlanden und aus dem Elsass eingeführt. In Deutschland wird der weiße Spargel mit weißen Köpfen geschätzt, während die Franzosen und Italiener weiße Stangen mit violetten oder grünen Köpfen bevorzugen. Diese sind würziger im Geschmack. Deutscher Spargel ist von Mitte April bis zum 24. Juni frisch auf dem Markt.*

Spargel-Kartoffel-Salat

Zutaten

750 g neue, möglichst kleine Kartoffeln
800 g weißer Spargel
250 ml (¼ l) Wasser
Salz
1 TL Butter
1 Prise Zucker
100 g Zuckerschoten
2 EL Essig
180 ml Fleischbrühe
frisch gemahlener Pfeffer
30 g Kerbel
½ TL scharfer Senf
1–2 EL Zitronensaft
100 ml Olivenöl
50 g geräucherter Frühstücksspeck
Kerbelblättchen

Zubereitungszeit:
50 Minuten

Pro Portion:
E: 10 g, F: 36 g, Kh: 34 g
kJ: 2149, kcal: 513

FÜR GÄSTE – GUT VORZUBEREITEN

1 Kartoffeln waschen, in Wasser zum Kochen bringen, in etwa 15 Minuten gar kochen.

2 Den Spargel von oben nach unten schälen, darauf achten, dass die Schalen vollständig entfernt, die Köpfe aber nicht verletzt werden, die unteren Enden abschneiden (holzige Stellen vollkommen wegschneiden). Den Spargel abspülen und in 4 cm lange Stücke schneiden. Wasser mit Salz, Butter und Zucker aufkochen, den Spargel zugeben. In etwa 12 Minuten bissfest kochen.

3 Die Zuckerschoten putzen, Enden abschneiden, Zuckerschoten waschen und zum Schluss 1 Minute mit dem Spargel kochen. Gemüse auf ein Sieb geben, gut abtropfen lassen.

4 Kartoffeln abgießen, abdämpfen, pellen und in Scheiben schneiden. Noch warm mit dem Essig, der Brühe und dem Pfeffer würzen.

5 Kerbel mit Salz, Pfeffer, Senf, Zitronensaft und Öl fein pürieren.

6 Die Kartoffeln, den Spargel und die Zuckerschoten vorsichtig mit der Sauce mischen.

7 Den Speck fein würfeln, in einer Pfanne knusprig braten und über den Salat geben. Mit Kerbelblättchen garnieren.

Tipp: *Gut schmeckt der Spargel-Kartoffel-Salat, wenn er halb aus weißem und halb aus grünem Spargel zubereitet wird (der grüne Spargel muss nur etwa 8 Minuten kochen). Angerichtet werden kann der Salat auch auf Kreisen von abwechselnd Tomaten- und Eischeiben.*

Grüner Spargelsalat mit gebratener Entenbrust

Zutaten

1 kg grüner Spargel
375 ml (3/8 l) Wasser
Salz
1 Prise Zucker
1 EL Butter
4 kleine Entenbrustfilets à 250 g
frisch gemahlener Pfeffer
1 EL Olivenöl
2 rosa Grapefruits

Für die Marinade:
3 EL Weinessig
4 EL Sherry
125 ml (1/8 l) Olivenöl
75 g Kerbel
Salz
frisch gemahlener Pfeffer

Zubereitungszeit:
50 Minuten

Pro Portion:
E: 50 g, F: 80 g, Kh: 13 g,
kJ: 4395, kcal: 1049

FÜR GÄSTE

1 Spargel nur am unteren weißen Ende schälen. Die unteren Enden gerade und alle Stangen möglichst gleich lang schneiden (holzige Stellen vollkommen wegschneiden). Spargel waschen, in Portionen bündeln.

2 Wasser mit 1 Teelöffel Salz, Zucker und Butter zum Kochen bringen, den Spargel hineingeben, zum Kochen bringen. Spargel in 8–10 Minuten gar kochen lassen.

3 Den garen Spargel mit einem Schaumlöffel vorsichtig aus dem Kochwasser nehmen, auf eine vorgewärmte Platte legen, die Fäden entfernen und den Spargel warm stellen.

4 Entenbrustfilets unter fließendem kalten Wasser abspülen, trockentupfen, mit Salz und Pfeffer würzen. Bei starker Hitze ohne Fettzugabe auf der Hautseite etwa 2 Minuten anbraten.

5 Bei mittlerer Hitze mit Öl insgesamt 8 Minuten auf beiden Seiten weiterbraten. Filets aus der Pfanne nehmen, in Alufolie einwickeln und mindestens 10 Minuten ruhen lassen.

6 Grapefruits schälen, filetieren, evtl. dann in Stücke schneiden.

7 Für die Marinade Essig und Sherry verrühren, langsam das Öl darunterschlagen, mit Salz und Pfeffer würzen.

8 Kerbel abspülen, trockentupfen, einige Blätter zum Garnieren beiseite legen. Den restlichen Kerbel hacken, in die Marinade geben.

9 Den warmen Spargel und die Grapefruitstücke mit Marinade mischen und anrichten.

10 Entenbrustfilets aufschneiden und mit dem Salat servieren.

Spargelsalat Grün-Gelb

Zutaten

- 300 g Zuckerschoten
- Salzwasser
- 800 g grüner Spargel
- 10 Schalotten
- 8 EL Sojaöl
- 4–6 EL Weinessig
- 1 TL Senf
- frisch gemahlener Pfeffer
- Zucker
- Zitrone und Zitronenmelisse

Zubereitungszeit:
45 Minuten

Pro Portion:
E: 8 g, F: 24 g, Kh: 21 g,
kJ: 1475, kcal: 353

RAFFINIERT – SCHNELL

1 Zuckerschoten putzen, Enden abschneiden, Schoten waschen und in kochendem Salzwasser blanchieren. Kurz in kaltes Wasser legen und abtropfen lassen.

2 Spargel (nur das untere Drittel schälen und die Enden abschneiden), den Spargel waschen und in kochendem Salzwasser 5–8 Minten kochen, herausnehmen und abtropfen lassen.

3 Schalotten abziehen und in 2 Esslöffeln Öl andünsten. Herausnehmen und abkühlen lassen.

4 Essig und Senf verrühren, restliches Öl unterschlagen. Mit Salz, Pfeffer und Zucker abschmecken. Marinade über die angerichteten Zutaten geben. Mit Zitrone und Zitronenmelisse garnieren.

Tipp: *Nach Wunsch auf gewaschenen Salatblättern anrichten. Noch schöner sieht es aus, wenn statt grünem Spargel weißer Spargel verwendet wird.*

Veränderung: *Noch besser schmeckt der Salat, wenn er statt mit Weinessig mit 3–4 Esslöffeln Zitronensaft mariniert wird und etwas kleingeschnittener Dill und kleingehackte gekochte Eier über den Salat gestreut werden.*

Spargel im Orangensud

Zutaten

1 kg weißer Spargel
knapp ½ TL Salz
1 TL Butter
1 TL Zucker
250 ml (¼ l) Wasser

Für den Orangensud:
2 hartgekochte Eigelb (Größe M)
2 EL Balsamicoessig
Salz
frisch gemahlener weißer Pfeffer
3 EL Olivenöl
1 EL Walnussöl
abgeriebene Schale von ½ Orange (unbehandelt)
Saft von 1 Orange
4 EL Spargelwasser
30 g gehackte Walnusskerne
1–2 Bund Kerbel

Zubereitungszeit:
40 Minuten

Pro Portion:
E: 7 g, F: 21 g, Kh: 8 g
kJ: 1076, kcal: 258

RAFFINIERT

1 Den Spargel von oben nach unten schälen, darauf achten, dass die Schalen vollständig entfernt, die Köpfe aber nicht verletzt werden, die unteren Enden abschneiden (holzige Stellen vollkommen wegschneiden), den Spargel abspülen.

2 Salz, Butter, Zucker und Wasser aufkochen, den Spargel dazugeben und in etwa 12 Minuten bissfest kochen.

3 Für den Orangensud Eigelb durch ein Sieb streichen. Mit Essig, Salz, Pfeffer verrühren und das Öl unterschlagen. Orangenschale und -saft und das Spargelwasser unterrühren.

4 Den Spargel längs in Scheiben schneiden und mit den Nüssen in den Sud legen.

5 Einige Stunden durchziehen lassen. Mit viel Kerbel bestreut servieren.

Tipp: *Spargel im Orangensud kann man mit frischem Stangenweißbrot und gesalzener Butter als Vorspeise servieren oder als Beilage zu Kalbsschnitzel oder Filetsteaks.*

Veränderung: *Zusätzlich filetierte Orangen kurz vor dem Servieren untermischen oder den Spargel auf Orangenscheiben anrichten.*

Spargel in Kräutermarinade

Zutaten

1 kg weißer Spargel
375 ml (3/8 l) Salzwasser
Zucker
20 g Butter
100 ml Weißweinessig
50 g Zucker
frisch gemahlener schwarzer Pfeffer
100 ml Spargelwasser
2 EL Olivenöl
2 TL gehackte Estragonblätter
2 TL feingehackter Dill
2 TL feingehackte Kerbelblättchen

Zubereitungszeit:
55 Minuten, ohne Durchziehzeit

Pro Portion:
E: 4 g, F: 0 g, Kh: 10 g,
kJ: 286, kcal: 68

GUT VORZUBEREITEN

1 Spargel von oben nach unten schälen, die unteren Enden abschneiden (holzige Stellen vollkommen wegschneiden), Spargel waschen. Salzwasser mit Zucker und Butter zum Kochen bringen, den Spargel hineingeben, zum Kochen bringen und 12–14 Minuten kochen lassen.

2 Spargel vorsichtig herausnehmen, gut abtropfen lassen. Kochflüssigkeit auffangen. Essig, Zucker und Pfeffer zum Kochen bringen, so lange kochen lassen, bis der Zucker gelöst ist. Spargelwasser, Olivenöl unterrühren, mit Salz, Pfeffer und Zucker abschmecken. Die Kräuter unterrühren. Spargelstangen hineingeben und 1–2 Stunden durchziehen lassen.

Tipp: *Als Beilage zu kaltem Braten oder kurzgebratenen Fleischstücken oder zusammen mit anderen marinierten Gemüsen als Antipasti reichen. Der Spargel kann auch zur Hälfte mit grünem Spargel zubereitet werden.*

Veränderung: *Spargel mit einer Honig-Vinaigrette zubereiten: Dazu 1–2 Esslöffel Honig mit 3 Esslöffeln Sherryessig und 1 Teelöffel gekörntem Senf verrühren, mit Salz und Pfeffer würzen und 5 Esslöffel Olivenöl unterrühren. Den Spargel darin 1–2 Stunden marinieren. Mit 2 gehackten, gekochten Eiern und feingeschnittenem Dill bestreuen.*

Spargelsülze mit Kräutern

Zutaten

1 kg weißer Spargel
375 ml (3/8 l) Salzwasser
1 TL Zucker
20 g Butter
40 g Porree (Lauch)
40 g Möhren
40 g Knollensellerie
12 Blatt weiße Gelatine
800 ml kräftiger Kalbsfond
100 ml Weißweinessig

Für die Sauce:
3 EL Mayonnaise
1 Becher (150 g)
Crème fraîche
150 g Joghurt
100 ml Schlagsahne
½ TL Senf
½ TL Zitronensaft
Salz
frisch gemahlener Pfeffer
1 Prise Zucker
3 EL gemischte, gehackte
Kräuter, z. B. Kerbel,
Petersilie

Zubereitungszeit:
70 Minuten

Pro Portion:
E: 38 g, F: 24 g, Kh: 10 g,
kJ: 1749, kcal: 418

*FÜR GÄSTE –
GUT VORZUBEREITEN*

1 Spargel von oben nach unten schälen, die unteren Enden abschneiden (holzige Stellen vollkommen wegschneiden), Spargel abspülen und in Salzwasser mit Zucker und Butter etwa 15 Minuten kochen. Mit der Schaumkelle herausnehmen und abtropfen lassen.

2 Porree, Möhren und Sellerie putzen, waschen und würfeln. Gemüse kurz blanchieren.

3 Gelatine 10 Minuten in kaltem Wasser einweichen, ausdrücken und in etwas Kalbsfond auflösen. Die aufgelöste Gelatine in den restlichen Fond rühren, Essig unterrühren und abschmecken. Etwas Fond in eine Terrinenform geben, schichtweise Spargel und Gemüse einlegen. Immer wieder etwas Fond hinzugießen und fest werden lassen. Wenn alles eingeschichtet ist, zugedeckt etwa 6 Stunden kühl stellen.

4 Für die Sauce Mayonnaise, Crème fraîche, Joghurt, Sahne, Senf, Zitronensaft und Gewürze verrühren, Kräuter unterziehen.

5 Die Form kurz in heißes Wasser halten, dann die Sülze vorsichtig stürzen, mit einem elektrischen Messer in Scheiben schneiden und mit Sauce anrichten.

Beilage: *Toast oder Baguette.*

Tipp: *Sülze 1 Tag vorher zubereiten. Besser lässt sich die Sülze lösen, wenn die Form vorher mit Frischhaltefolie ausgelegt wird.*

Spargelsülze mit Eier-Vinaigrette

Zutaten

6 Portionen

10 Blatt weiße Gelatine
500 g weißer Spargel
250 ml (¼ l) Salzwasser
Butter, Zucker
500 ml (½ l) Gemüsebrühe
6 EL Sherry
4–6 EL Sherryessig
Salz
frisch gemahlener Pfeffer
1 Handvoll Kerbelblättchen
1 Bund Schnittlauchröllchen

Für die Eier-Vinaigrette:
2 hartgekochte Eier (Größe M)
1 kleine Zwiebel
3 EL Sherryessig
5 EL Olivenöl

Zubereitungszeit:
3 Stunden, mit Kühlzeit

Pro Portion:
E: 24 g, F: 15 g, Kh: 3 g,
kJ: 1116, kcal: 266

DAUERT LÄNGER – GUT VORZUBEREITEN

1 Gelatine nach Packungsanleitung in kaltem Wasser einweichen. Spargel schälen, waschen, in Salzwasser mit Butter und Zucker zum Kochen bringen, in 12–15 Minuten gar kochen, auf ein Sieb geben, in Stücke schneiden. Spargelwasser auffangen, mit der Brühe auf 700 ml auffüllen und in einen Topf geben.

2 Die gut ausgedrückte Gelatine in etwas heiße Brühe geben und auflösen. Den Rest der Brühe hinzufügen. Sherry und Essig dazugeben, mit Salz und Pfeffer kräftig abschmecken. Wenn die Brühe anfängt dicklich zu werden, Schnittlauch mit Kerbel und Spargelabschnitten vermischen und auf 4–6 Schälchen gleichmäßig verteilen. Die Brühe angießen, bis der Spargel bedeckt ist, und im Kühlschrank erstarren lassen. Dann den Rest der Brühe darübergießen und im Kühlschrank vollständig erstarren lassen.

3 Für die Eier-Vinaigrette Eier pellen, Zwiebel abziehen und beides sehr fein hacken. Essig und Öl dazugeben, mit Salz und Pfeffer kräftig würzen.

4 Spargelsülze aus den Schüsseln auf Teller stürzen, dazu mit einem spitzen Messer am Rand lösen, evtl. kurz in heißes Wasser setzen, mit der Eier-Vinaigrette überziehen und servieren.

Spargelspitzen mit Kaviarsahne und Wachteleiern

Zutaten

400 g weiße Spargelspitzen
250 ml (1/4 l) Salzwasser
4 EL geschlagene Schlagsahne
2 EL Crème double
2 EL Mayonnaise
Salz
frisch gemahlener Pfeffer
etwas Meerrettich
4 EL Keta-Kaviar
4 gekochte Wachteleier
einige Kerbelblättchen

Zubereitungszeit:
30 Minuten

Pro Portion:
E: 11 g, F: 18 g, Kh: 3 g,
kJ: 964, kcal: 230

SCHNELL – EINFACH

1 Spargelspitzen schälen, waschen, evtl. bündeln und in Salzwasser in 6–8 Minuten bissfest garen. Spargelspitzen herausnehmen und gut abtropfen lassen.

2 Sahne, Crème double und Mayonnaise miteinander verrühren, mit Salz, Pfeffer und Meerrettich pikant abschmecken.

3 Spargelspitzen auf Tellern anrichten, mit der Sauce überziehen, Kaviar darübergeben, halbierte Wachteleier dazusetzen und mit Kerbelblättchen garnieren.

Beilage: *Baguette oder Roggentoast.*

Tipp: *Anstatt des Keta-Kaviars kann auch auf russischen Sevruga- oder Beluga-Kaviar oder Seehasenrogen, den deutschen Kaviar, zurückgegriffen werden.*

Veränderung: *Den Spargel auf in Streifen geschnittenen Eisbergsalat oder auf Feldsalat anrichten. Wenn der Spargel als Hauptgericht serviert werden soll, dann die Spargelmenge verdoppeln. Statt der Wachteleier schmecken auch Rühreier sehr gut dazu.*

Spargel in Tomaten mit Feldsalat

Zutaten

6 Portionen

32 Spargelspitzen (etwa 800 g), z. B. grüner, weißer oder Ährenspargel
375 ml (3/8 l) Salzwasser
4 Eier (Größe M)
1 EL Wasser
4 Scheiben (240 g) TK-Blätterteig
6 Tomaten
200 g geriebener Emmentaler
Oregano
Salz
Tabasco

Für den Feldsalat:
300 g Feldsalat
2 Scheiben Roggenbrot
60 g Butter
150 g Nussschinken
4 EL Estragonessig
frisch gemahlener Pfeffer
Zucker
6 EL Distelöl
1 Pck. (30 g) TK-Salatkräuter

Zubereitungszeit:
50 Minuten

Pro Portion:
E: 27 g, F: 47 g, Kh: 31 g,
kJ: 2828, kcal: 676

RAFFINIERT

1 Spargelspitzen schälen, abspülen, in Salzwasser 5–8 Minuten kochen, auf einem Sieb abtropfen lassen.

2 Ein Ei trennen, Eigelb mit Wasser verquirlen. Blätterteig zugedeckt bei Zimmertemperatur auftauen lassen. Scheiben übereinanderlegen und ausrollen. 6 Platten (Ø 8 cm) ausstechen, auf ein mit kaltem Wasser abgespültes Backblech legen. Aus dem restlichen Blätterteig 6 Umrandungen für die Platten formen, diese auf die Platten legen. Den Blätterteig mit verquirltem Eigelb bestreichen und das Backblech in den Backofen schieben.

Ober-/Unterhitze: etwa 200 °C (vorgeheizt)
Heißluft: etwa 180 °C (vorgeheizt)
Gas: Stufe 3–4 (vorgeheizt)
Backzeit: 8–10 Minuten.

3 Tomaten waschen, einen Deckel abschneiden, die Tomaten aushöhlen, mit Spargelspitzen füllen. Restliche Eier, Eiweiß, Käse, Oregano, Salz und Tabasco mischen, über den Spargel geben. Tomaten in eine gefettete, flache Auflaufform legen. Die Form auf dem Rost in den Backofen schieben.

Ober-/Unterhitze: etwa 180 °C (vorgeheizt)
Heißluft: etwa 160 °C (vorgeheizt)
Gas: Stufe 3–4 (vorgeheizt)
Backzeit: etwa 10 Minuten.

4 Für den Feldsalat Feldsalat putzen, waschen und gut abtropfen lassen. Brot würfeln, in zerlassener Butter anrösten. Schinken würfeln. Aus Essig, Salz, Pfeffer, Zucker, Öl und Kräutern eine Marinade rühren, über den Salat geben und mit Brot- und Schinkenwürfeln bestreuen.

5 Tomaten auf den Blätterteigpasteten anrichten und mit dem Salat servieren.

Bunte Spargelpfanne

Zutaten

500 g Wild- oder Thaispargel oder grüner Spargel
150 g Zuckerschoten
150 g kleine Möhren
100 g Creme-Champignons
1 Knoblauchzehe
30 g frische Ingwerwurzel
100 g kleine Strauchtomaten
1 kleine, rote Chilischote
2 EL Speiseöl
1 EL Sesamöl
Salz
frisch gemahlener Pfeffer
2 EL Sojasauce
1 Bund Koriandergrün

Zubereitungszeit:
45 Minuten

Pro Portion:
E: 6 g, F: 11 g, Kh: 11 g
kJ: 721, kcal: 172

RAFFINIERT

1 Vom Spargel das untere Drittel schälen, die unteren Enden ½ cm abschneiden.

2 Die Zuckerschoten putzen, Enden abschneiden, Zuckerschoten schräg halbieren. Die Möhren putzen, schälen, waschen und längs in bleistiftdicke Streifen schneiden. Die Champignons putzen, mit Küchenpapier abreiben, evtl. abspülen und vierteln.

3 Knoblauch und Ingwer abziehen, fein hacken. Die Tomaten waschen, halbieren, die Stengelansätze herausschneiden und die Tomaten vierteln.

4 Die Chilischote längs halbieren, entkernen und fein hacken. Öl erhitzen. Gemüse, Knoblauch, Ingwer und Chili zugeben. Einige Minuten dünsten. Die Tomatenviertel zugeben und kurz mitdünsten. Mit Salz, Pfeffer und Sojasauce abschmecken.

5 Mit abgespültem, gehacktem Koriandergrün bestreuen.

Tipp: *Der wilde Spargel wird auch als Ährenspargel bezeichnet. Er ist sehr dünn und tiefgrün. Der Geschmack ist etwas bitter. In Deutschland ist der wilde Spargel bisher noch selten im Handel und dementsprechend teuer. Er ist einen Versuch auf jeden Fall wert, vor allem in Mischungen mit weißem und grünem Spargel.*

Crêpes mit Spargel in Mangorahm

Zutaten

Für die Crêpes
(8 Stück, Ø etwa 18 cm):
180 g Weizenmehl
½ TL Salz
400 ml Milch
3 Eier (Größe M)
2–3 EL Butterschmalz

Für die Füllung:
800 g grüner Spargel
250 ml (¼ l) Wasser
½ TL Salz
1 TL Zucker
1 TL Butter
1 Zwiebel
1 Knoblauchzehe
1 EL Butter
200 g Schmand
1 vollreife Mango (500 g)
2 EL Zitronensaft
1 EL Mangochutney
Salz
Cayennepfeffer

Zubereitungszeit:
75 Minuten

Pro Portion:
E: 19 g, F: 28 g, Kh: 59 g,
kJ: 2501, kcal: 597

FÜR GÄSTE

1 Für die Crêpes Mehl und Salz in eine Rührschüssel geben und mit etwas Milch mit dem Schneebesen anrühren. Die Eier unterrühren. Die restliche Milch zugeben.

2 Den Teig 30 Minuten quellen lassen. Etwas Fett in einer flachen Pfanne erhitzen. So viel Teig einfüllen, bis der Boden gut bedeckt ist. Crêpes bei mittlerer Temperatur auf jeder Seite goldgelb backen. 7 weitere Crêpes backen und warm stellen.

3 Für die Füllung den Spargel im unteren Drittel schälen und die Enden abschneiden, dann in Stücke schneiden und waschen. Das Wasser mit Salz, Zucker und Butter aufkochen. Spargel dazugeben und 8–10 Minuten bissfest kochen. Spargel abtropfen lassen.

4 Zwiebel und Knoblauch abziehen und fein würfeln, in der Butter dünsten. Schmand hinzugeben und sämig einkochen.

5 Mango schälen, das Fruchtfleisch vom Stein abschneiden. Einige Spalten zum Garnieren zur Seite legen. Das übrige Fruchtfleisch mit dem Zitronensaft pürieren, in den Schmand geben, aufkochen lassen. Chutney unterrühren, mit Salz und Cayennepfeffer würzen.

6 Die Spargelstücke in die Sauce geben. Crèpes damit füllen und mit Mangospalten garniert servieren.

Tagliatelle mit Spargel und Shrimps

Zutaten

300 g Tagliatelle (Bandnudeln)
750 g weißer Spargel
Salzwasser
Zucker
Butter
125 g Butter-Sauce Hollandaise (Fertigprodukt)
250 g Shrimps
weißer Pfeffer
4 EL Zitronensaft

Zubereitungszeit:
55 Minuten

Pro Portion:
E: 23 g, F: 11 g, Kh: 60 g, kJ: 1902, kcal: 454

EINFACH

1 Tagliatelle nach Packungsanleitung in Salzwasser bissfest kochen, auf ein Sieb geben, mit kaltem Wasser übergießen, abtropfen lassen.

2 Den Spargel von oben nach unten schälen, darauf achten, dass die Schalen vollständig entfernt, die Köpfe aber nicht verletzt werden, die unteren Enden abschneiden (holzige Stellen vollkommen wegschneiden), den Spargel waschen und in Salzwasser mit etwas Zucker und Butter 6–8 Minuten kochen, abgießen und abtropfen lassen. Spargelköpfe in 3 cm Länge abschneiden und beiseite legen.

3 Restliche Spargelstangen schräg in 1 cm große Scheiben schneiden.

4 Butter-Sauce nach Packungsanleitung zubereiten, mit Spargelstücken und Shrimps vermischen. Mit Salz, Pfeffer und Zitronensaft abschmecken.

5 Spargelköpfe unterheben und kurz erhitzen. Nudeln mit der Sauce vermengen und nach Wunsch mit Dill garniert servieren.

Tipp: *Die Sauce selbst zubereiten: Dazu 200 ml Schlagsahne etwas einkochen lassen, mit Salz, Pfeffer würzen, nach Belieben mit 1 Teelöffel Speisestärke binden oder mit 1 Eigelb abziehen (nicht mehr kochen lassen).*

Veränderung: *Statt der Shrimps Garnelen ohne Schale in zerlassener Butter etwa 2 Minuten erhitzen. Mit Salz, Pfeffer und Knoblauch würzen und zusammen mit 4 Esslöffeln abgezogenen, gewürfelten Tomaten über die Nudeln geben.*

Wildspargel mit Käsecreme

Zutaten

1 Bund glatte Petersilie
1 Bund Schnittlauch
200 g Frischkäse
150 g Crème fraîche
125 g Magerquark
Salz
frisch gemahlener Pfeffer
500 g Wild- oder Thaispargel oder grüner Spargel
4 Frühlingszwiebeln
1 Bund Radieschen
3 EL Speiseöl
2 EL Balsamicoessig
5 EL Olivenöl

Zubereitungszeit:
45 Minuten

Pro Portion:
E: 17 g, F: 39 g, Kh: 9 g
kJ: 1961, kcal: 468

SCHNELL

1 Die Kräuter abspülen, trockentupfen, die Blättchen von den Stängeln zupfen und fein hacken. Schnittlauch in Röllchen schneiden.

2 Frischkäse mit Crème fraîche, Magerquark, Salz und Pfeffer cremig rühren. Die Kräuter unterrühren.

3 Den Spargel waschen, nicht schälen, nur die unteren Enden etwa ½ cm abschneiden. Den Spargel halbieren.

4 Die Frühlingszwiebeln putzen, waschen und in 2 cm dicke Ringe schneiden. Die Radieschen putzen, waschen und in dünne Scheiben schneiden.

5 Den Spargel in heißem Öl 3–5 Minuten unter Wenden langsam braten, salzen und pfeffern. Frühlingszwiebeln dazugeben. Erkalten lassen.

6 Essig und Olivenöl mit den Radieschenscheiben vermengen und zum Spargel geben.

7 Die Käsecreme in die Mitte einer Platte geben, das Gemüse darum verteilen.

Tipp: *Mit Baguette servieren.*

Veränderung: *Den Spargel statt mit Frühlingszwiebeln und Radieschen, etwas exotischer mit Feigenstückchen und Melonenkugeln mischen, auf Eisbergsalat anrichten und mit Bündnerfleischstreifen bestreuen.*

Spargel mit Sauce Agnes Sorel

Zutaten

1 kg weißer Spargel
Salzwasser
1 TL Zucker
20 g Butter

Für die Sauce:
5 Eier (Größe M)
1 TL Senf
Saft von ½ Zitrone
Salz
Cayennepfeffer
200 ml Olivenöl
1 großes Bund gemischte Kräuter, z. B. Blattpetersilie, Schnittlauch, Dill, Basilikum

Zubereitungszeit:
45 Minuten

Pro Portion:
E: 18 g, F: 63 g, Kh: 9 g
kJ: 2939, kcal: 701

FÜR GÄSTE – KLASSISCH

1 Den Spargel von oben nach unten schälen, darauf achten, dass die Schalen vollständig entfernt, die Köpfe aber nicht verletzt werden, die unteren Enden abschneiden (holzige Stellen vollkommen wegschneiden). Den Spargel abspülen und in Salzwasser mit Zucker und Butter etwa 10 Minuten kochen lassen. Vom Herd nehmen und im Kochwasser auskühlen lassen.

2 Für die Sauce Eier exakt 4 Minuten kochen lassen und unter kaltem Wasser abschrecken. Die Eier pellen, mit einem Messer halbieren, das Eigelb soll noch flüssig und das Eiweiß schon fest sein. Eigelb mit einem Löffel vom Eiweiß trennen. Das noch warme Eigelb in eine Schüssel geben. Senf, Zitronensaft, Salz und Cayennepfeffer dazugeben und mit dem Schneebesen, wie beim Zubereiten einer Mayonnaise, tropfenweise das leicht erwärmte Olivenöl einrühren.

3 Kräuter abspülen, trockentupfen, fein hacken und zugeben. Mit Salz, Pfeffer und Zitronensaft abschmecken.

4 Eiweiß fein würfeln und ebenfalls zugeben.

5 Spargel abtropfen lassen. Auf einer Platte oder einem Teller anrichten und lauwarm mit der Sauce servieren.

Tipp: *Wem der Geschmack des Olivenöls bei dieser italienischen Version der grünen Sauce zu intensiv ist, kann auch die Hälfte des Öls durch Distelöl ersetzen.*

Spargel auf badische Art

Zutaten

2 kg weißer Spargel
1 l Wasser
je 1 TL Salz und Zucker
40 g Butter
200 g gekochter Schinken
200 g roher Schinken

Für die Kratzete:
150 g Weizenmehl
375 ml (3/8 l) Milch, Salz
4 Eier (Größe M)
65 g Butter

Für die Buttersauce:
150 g Butter

Für die Sauce Hollandaise:
200 g Butter
2 Eigelb (Größe M)
2 EL Weißwein
Zitronensaft, Cayennepfeffer

Für die Sauce Béarnaise:
100 g Butter
1 Schalotte
4 EL feingehackte, gemischte Kräuter
2 TL Estragonessig
2 EL Weißwein
2 Eigelb (Größe M)
etwa 10 zerdrückte, schwarze Pfefferkörner
1 Prise Zucker, Zitronensaft

Für die Sauce Maltaise:
150 g Butter
2 Eigelb (Größe M)
2 EL Orangensaft
1 EL Zitronensaft
abgeriebene oder in Julienne geschnittene Schale von 1/4 Orange (unbehandelt)

1 Spargel von oben nach unten schälen. Dabei darauf achten, dass die Schalen vollständig entfernt, die Köpfe aber nicht verletzt werden. Die unteren Enden gerade und alle Stangen möglichst gleich lang schneiden (holzige Stellen vollkommen wegschneiden). Spargel waschen, portionsweise mit Küchengarn bündeln. Wasser mit Salz, Zucker und Butter zum Kochen bringen, den Spargel hineingeben, zum Kochen bringen und in etwa 15 Minuten gar kochen lassen. Den garen Spargel mit einem Schaumlöffel vorsichtig aus dem Kochwasser herausnehmen, auf eine vorgewärmte Platte legen und die Fäden entfernen. Spargel warm stellen.

2 Für die Kratzete Mehl in eine Schüssel sieben, in die Mitte eine Vertiefung eindrücken. Milch mit Salz und Eiern hineingeben, mit Handrührgerät mit Rührbesen zu einem glatten, recht dünnen Teig verrühren. Wenig Fett in einer Pfanne erhitzen, so viel Teig hineingießen, dass der Boden gerade bedeckt ist. Den Teig auf einer Seite goldgelb backen, wenden und mit Gabel und Esslöffel in kleine Streifen zerreißen. „Zerkratzten" Teig schwenken und knusprig backen. Warm stellen, bis alle vier Portionen fertig sind.

3 Für die Buttersauce die Butter zerlassen, aber nicht bräunen lassen.

4 Für die Sauce Hollandaise Butter zerlassen und etwas abkühlen lassen. Eigelb mit Wein im Wasserbad so lange schlagen, bis die Masse dicklich ist. Die Schüssel aus dem Wasserbad nehmen, die etwas abgekühlte Butter langsam darunterschlagen. Die Sauce mit Zitronensaft, Salz und Cayennepfeffer abschmecken.

5 Für die Sauce Béarnaise Butter zerlassen und etwas abkühlen lassen. Schalotte abziehen und würfeln. Schalottenwürfel, 3 Esslöffel Kräuter, Essig und Wein zum Kochen bringen und etwa 5 Minuten kochen lassen. Die Masse durch ein Sieb streichen. Den Sud mit Eigelb im Wasserbad so lange schlagen, bis die Masse dicklich ist. Die

(Fortsetzung Seite 60)

Zubereitungszeit:
50-70 Minuten

Pro Portion:
E: 49 g, F: 187 g, Kh: 46 g,
kJ: 9021, kcal: 2154

FÜR GÄSTE – KLASSISCH

Hitze reduzieren, die abgekühlte Butter langsam darunterschlagen. Sauce mit Salz, Pfefferkörnern, Zucker und Zitronensaft abschmecken. Restliche Kräuter unterrühren.

6 Für die Sauce Maltaise Butter zerlassen und abkühlen lassen. Eigelb mit Orangen- und Zitronensaft im Wasserbad so lange schlagen, bis die Masse dicklich ist, und aus dem Wasserbad nehmen. Butter langsam nach und nach unterschlagen, mit Salz und Cayennepfeffer abschmecken, Orangenschale unterziehen.

Tipp: *Spargel mit Kroketten und Saucen Ihrer Wahl servieren.*

Spargel mit Kerbelsauce und Sonnenblumenkernen

Zutaten

1,5 kg weißer oder grüner Spargel
Salzwasser
1 Msp. Butter
1 TL Zucker
2 EL Sonnenblumenkerne
2 EL Crème fraîche
1–2 EL Spargelwasser
weißer Pfeffer
2–3 EL Kerbelblättchen

Zubereitungszeit:
40 Minuten

Pro Portion:
E: 7 g, F: 7 g, Kh: 8 g,
kJ: 523 , kcal: 125

RAFFINIERT

1 Den weißen Spargel von oben nach unten schälen, darauf achten, dass die Schalen vollständig entfernt, die Köpfe aber nicht verletzt werden. Vom grünen Spargel nur das untere Drittel schälen. Bei beiden die holzigen Stellen vollkommen wegschneiden, den Spargel waschen. Den weißen Spargel in Salzwasser mit Butter und Zucker 12–15 Minuten garen, den grünen etwa 8 Minuten.

2 Die Sonnenblumenkerne in einer beschichteten Pfanne ohne Fett rösten.

3 Crème fraîche mit etwas Spargelwasser erhitzen, gut verrühren, mit Salz und Pfeffer würzen. Zuletzt den Kerbel und 1 Esslöffel geröstete Sonnenblumenkerne unterrühren und kurz miterhitzen.

4 Die gut abgetropften Spargelstangen mit der Kerbelsauce anrichten, mit den restlichen Sonnenblumenkernen bestreuen.

Tipps: *Dazu Pellkartoffeln reichen. Als Beilage eignen sich auch Lachsschinken, Bündner Fleisch, Räucherlachs oder geriebener Käse. Dazu junge Kartoffeln servieren, die mit gehackter Petersilie bestreut wurden, und zerlassene Butter. Wer es vegetarisch mag, kann auch gebratenen Tofu dazu servieren.*

Französischer Spargel mit dreierlei Saucen

Zutaten

2 kg weißer Spargel
Salzwasser
½ TL Zucker, etwas Butter

Für die Zwiebel-Vinaigrette:
40 g Zwiebeln
2–3 EL Weinessig
Salz, Pfeffer
1 TL scharfer Senf
6 EL Speiseöl

Für die Kräutersauce:
1 Schalotte
1 TL abgetropfte, gehackte Kapern
1 zerdrückte Knoblauchzehe
2 EL gehackte Kräuter, z. B. Petersilie, Schnittlauch, Basilikum, wenig Thymian, Estragon, Dill und Salbei
2 EL Schlagsahne
1 Becher (150 g) Crème fraîche

Für die Buttersauce:
40 g Schalotten, fein gehackt
½ Knoblauchzehe, zerdrückt
1 EL Speiseöl
125 ml (⅛ l) trockener Weißwein
150 g kalte, in Würfel geschnittene Butter

Zubereitungszeit:
75 Minuten

Pro Portion:
E: 10 g, F: 68 g, Kh: 15 g, kJ: 3163, kcal: 755

ETWAS AUFWENDIGER

1 Den Spargel von oben nach unten schälen, darauf achten, dass die Schalen vollständig entfernt, die Köpfe aber nicht verletzt werden, die unteren Enden abschneiden (holzige Stellen vollkommen wegschneiden). Den Spargel abspülen und in Salzwasser mit Zucker und Butter bissfest kochen. Den Spargel gut abtropfen lassen, warm stellen.

2 Für die Zwiebel-Vinaigrette die groben Zwiebelwürfel mit dem Essig im Mixer verrühren oder pürieren. Dann mit Salz und Pfeffer würzen, den Senf dazugeben und das Öl langsam hinzugießen.

3 Für die Kräutersauce Schalotte abziehen, fein würfeln, mit Salz, Pfeffer, Kapern, Knoblauch und Kräutern sowie der Sahne verrühren und zum Schluß Crème fraîche unterrühren.

4 Für die Buttersauce die Schalotten mit dem Knoblauch in heißem Öl andünsten und mit dem Wein aufgießen. Bei geringer Hitze langsam reduzieren, bis die Sauce auf ein Drittel eingekocht ist. Durch ein feines Sieb streichen und mit dem Schneebesen unter ständigem Rühren auf mittlerer Hitze die Butterwürfel darunterschlagen, bis eine sämige Sauce entstanden ist. Mit Salz und Pfeffer abschmecken.

Grüner Spargel mit Sauce Mousseline

Zutaten

1 kg grüner Spargel
250 ml (¼ l) Wasser
1 TL Salz
1 Prise Zucker
1 EL Butter
1 l Wasser
Salz
3 EL Essig
4 Eier (Größe S)

Für die Sauce Mousseline:
100 g Butter
2 Eigelb (Größe M)
1 TL Zitronensaft
Salz
100 ml Schlagsahne
½ TL grüne Pfefferkörner

150 g geschälte Garnelen

Zubereitungszeit:
60 Minuten

Pro Portion:
E: 21 g, F: 43 g, Kh: 6 g,
kJ: 2160, kcal: 516

RAFFINIERT – FÜR GÄSTE

1 Spargel nur am unteren weißen Ende schälen. Die unteren Enden gerade und alle Stangen möglichst gleich lang schneiden (holzige Stellen vollkommen wegschneiden). Spargel waschen, in Portionen bündeln. Wasser mit Salz, Zucker und Butter zum Kochen bringen, Spargel hineingeben, zum Kochen bringen. Spargel in etwa 15 Minuten gar kochen lassen.

2 Den garen Spargel mit einem Schaumlöffel vorsichtig aus dem Kochwasser nehmen, auf eine vorgewärmte Platte legen, die Fäden entfernen, mit Alufolie zudecken und warm stellen.

3 In einem anderen Topf Wasser kurz aufkochen, gut salzen und Essig zufügen. Eier einzeln in eine Tasse aufschlagen, rasch ins Wasser gleiten und 4 Minuten ziehen lassen. Dabei darf das Wasser nur eben kochen. Eier mit einem Schaumlöffel herausheben, abtropfen lassen, mit einem Messer den Rand glatt schneiden, warm stellen.

4 Für die Sauce Spargelsud bei großer Hitze auf etwa 3 Esslöffel einkochen und etwas abkühlen lassen. Butter zerlassen, etwas abkühlen lassen. Eigelb mit Zitronensaft und etwas Salz verrühren, Spargelsud zugeben und im Wasserbad so lange schlagen, bis die Masse dicklich ist.

5 Die Schüssel aus dem Wasserbad nehmen, die etwas abgekühlte Butter langsam unter die Eigelbmasse schlagen. Sauce mit Salz und Zitronensaft abschmecken. Sahne steif schlagen und unter die Sauce ziehen. Pfefferkörner in einem Mörser zerdrücken und in die Sauce geben.

6 Garnelen abspülen und trockentupfen, in die heiße Sauce rühren. Sauce evtl. im Wasserbad warm halten.

7 Spargel auf Portionsteller legen und je ein Ei darauf geben. Ei und den geschälten Teil des Spargels mit der Sauce überziehen.

Tipp: *Zusammen mit frischem Baguette als Vorspeise reichen.*

Grüner Spargel mit Kresse-Hollandaise

1 Für die Kresse-Hollandaise die Butter zerlassen und etwas abkühlen lassen.

2 Eigelb mit Wein im Wasserbad so lange schlagen, bis die Masse dicklich ist und aus dem Wasserbad nehmen. Butter nach und nach unterschlagen.

3 Die Sauce mit Salz, Pfeffer, Zucker und Zitronensaft abschmecken, bis zum Verzehr im Wasserbad warm halten, damit sie nicht gerinnt.

4 Von der Kresse die Blättchen abschneiden, vorsichtig waschen, trockentupfen und unter die Sauce rühren. Mit Spargel servieren.

Tipp: *Grüner Spargel wird heute in größerem Umfang kultiviert als früher. Er muss nur am Ende geschält und das holzige Ende weggeschnitten werden. Als Hauptmahlzeit rechnet man pro Person 500 g Spargel. Besonders gut schmeckt es, wenn man halb grünen und halb weißen Spargel verwendet.*

Zutaten

Für die Kresse-Hollandaise:
200 g Butter
4 Eigelb (Größe M)
6 EL Weißwein
Salz
frisch gemahlener Pfeffer
1 Prise Zucker
Zitronensaft
½ Kästchen Kresse

2 kg gekochter, grüner Spargel

Zubereitungszeit:
15 Minuten

Pro Portion:
E: 14 g, F: 47 g, Kh: 11 g,
kJ: 2325, kcal: 557

SCHNELL

Spargel mit Fleisch & Fisch

Mariniertes Filetsteak mit Spargel

Zutaten

½ Bund Petersilie
½ Bund Schnittlauch
1 Bund Kerbel
6–8 schwarze Pfefferkörner
5 EL Speiseöl
200 ml trockener Weißwein
2 Schweinefilets (je 300 g)
je 750 g grüner und weißer Spargel
Salzwasser
Zucker
Butter
2 Pck. Sauce Hollandaise (Fertigprodukt)
1 TL rosa Beeren

Zubereitungszeit:
50 Minuten, ohne Marinierzeit

Pro Portion:
E: 45 g, F: 26 g, Kh: 16 g,
kJ: 2174 , kcal: 518

KLASSISCH

1 Petersilie, Schnittlauch und die Hälfte des Kerbels waschen und trockentupfen. Petersilie fein hacken, Schnittlauch in Röllchen schneiden und die Kerbelblättchen von den Stielen zupfen. Die Kräuter mit Pfefferkörnern, 2 Esslöffeln Speiseöl und Weißwein vermengen. Das Fleisch kalt abspülen, in die Marinade legen und etwa 45 Minuten marinieren.

2 Den weißen Spargel ganz schälen, vom grünen Spargel nur das untere Drittel schälen. Vom weißen und grünen Spargel die holzigen Enden abschneiden, den Spargel waschen.

3 Das Fleisch aus der Marinade nehmen und trockentupfen. Das restliche Öl in einer Pfanne erhitzen und das Fleisch darin unter Wenden etwa 20 Minuten bei mittlerer Hitze braten.

4 Den weißen Spargel in Salzwasser mit Zucker und Butter 10–12 Minuten garen. Nach 5 Minuten den grünen Spargel hinzufügen. Die Sauce in einen Topf geben und nach Packungsanleitung erhitzen.

5 Den restlichen Kerbel waschen und die Blättchen von den Stielen zupfen.

6 Das Fleisch in Scheiben schneiden. Den Spargel, das Fleisch und die Sauce auf Tellern anrichten und mit dem restlichen Kerbel und den rosa Beeren garniert servieren.

Beilage: *Kroketten.*

Gefüllte Poulardenbrust in Sesamkruste

Zutaten

- 100 g Ingwerwurzel
- 220 g Zucker
- 100 ml Wasser
- 200 g frischer Blattspinat
- 4 Poulardenbrüste à 150 g
- Salz
- frisch gemahlener Pfeffer
- 250 ml (¼ l) Kalbsfond oder -brühe
- 200 g Sesamsamen
- 12 Stangen weißer Spargel
- Salzwasser
- Zucker
- 20 g Butter
- 1 Mango
- 4 Blätter Frühlingsrollenteig (aus dem Asia-Shop)
- 1 Eigelb
- Sojasauce
- 50 g kalte Butter

Zubereitungszeit:
60 Minuten

Pro Portion:
E: 45 g, F: 74 g, Kh: 78 g, kJ: 5024, kcal: 1199

RAFFINIERT – FÜR GÄSTE

1 Ingwer schälen, fein würfeln und mit 100 g Zucker in Wasser weich kochen, so dass die Masse etwas dicklich wird. Spinat vom Strunk entfernen, waschen, kurz blanchieren und mit der Ingwermasse vermengen.

2 Die Poulardenbrüste mit einem großen Messer etwas flach drücken, mit Salz und Pfeffer bestreuen. Blattspinat-Ingwer-Mischung darauf verteilen und einrollen. 4 große Alufolienblätter ölen, die Rollen auflegen, straff einwickeln und an den Enden zudrehen. Wasser aufkochen lassen und die Rollen etwa 15 Minuten leicht pochieren.

3 100 g Zucker mit 1½ Esslöffeln Wasser karamellisieren, mit 150 ml Kalbsfond ablöschen, Sesam hinzufügen und dick einköcheln lassen. Poulardenrollen aus der Alufolie nehmen und mit Sesam-Karamell bestreichen, in eine flache Auflaufform geben, auf dem Rost in den Backofen schieben.

Ober-/Unterhitze: etwa 180 °C (vorgeheizt)
Heißluft: etwa 160 °C (vorgeheizt)
Gas: etwa Stufe 3 (vorgeheizt)
Backzeit: 3–4 Minuten.

4 Spargel von oben nach unten schälen, darauf achten, dass die Köpfe nicht verletzt werden, die unteren Enden abschneiden. Den Spargel waschen, in Stücke schneiden und in Salzwasser mit etwas Zucker und Butter etwa 6 Minuten kochen. Mango schälen, in dicke Spalten schneiden und in einer beschichteten Pfanne mit etwas Butter und dem restlichen Zucker karamellisieren.

5 Den Frühlingsrollenteig leicht mit verschlagenem Eigelb bepinseln und auf dem Backblech im Backofen kurz abbacken. Die restliche Kalbsfond mit dem übrigen Sesam-Karamell aufkochen, mit Sojasauce abschmecken und mit kalten Butterstücken aufschlagen.

6 Poulardenrollen in Scheiben schneiden, auf der Sesamkruste anrichten und mit den Mangospalten und Spargel dekorativ anrichten.

Spargelragout mit Klößchen und Blätterteigfleurons

Zutaten

750 g weißer Spargel
750 g grüner Spargel
500 ml (½ l) Salzwasser
250 g Kalbsbrät
200 ml Kalbs- oder Rinderfond
100 ml Schlagsahne
1 EL Weizenmehl
Salz
frisch gemahlener Pfeffer
2 Scheiben (120 g) aufgetauter TK-Blätterteig
1 Ei (Größe M)
1 EL Schnittlauchröllchen
1 EL kleine, rote und grüne Paprikawürfel

Zubereitungszeit:
65 Minuten

Pro Portion:
E: 23 g, F: 33 g, Kh: 18 g
kJ: 2031, kcal: 485

FÜR GÄSTE – GUT VORZUBEREITEN

1 Weißen Spargel von oben nach unten schälen, bei dem grünen Spargel nur das untere Drittel schälen, die unteren Enden abschneiden (holzige Stellen vollkommen wegschneiden). Spargel abspülen und in Salzwasser garen (weißen Spargel etwa 12 Minuten, grünen nur etwa 8 Minuten). Vorsichtig mit einer Schaumkelle herausnehmen und abtropfen lassen.

2 Aus dem Kalbsbrät kleine Klößchen formen, in dem heißen Fleischfond etwa 8 Minuten gar ziehen lassen und herausnehmen.

3 Fond mit Sahne aufkochen, mit angerührtem Mehl binden, salzen und pfeffern. Spargel in mundgerechte Stücke schneiden und mit den Fleischklößchen in die Sauce geben.

4 Aus dem Blätterteig Halbmonde ausstechen, auf ein mit Backpapier belegtes Backblech legen, den Teig mit verquirltem Ei bestreichen und in den Backofen schieben.

Ober-/Unterhitze: etwa 200 °C (vorgeheizt)
Heißluft: etwa 180 °C (vorgeheizt)
Gas: etwa Stufe 4 (vorgeheizt)
Backzeit: 6–10 Minuten.

5 Das Spargelragout anrichten, mit Schnittlauchröllchen, Paprikawürfeln und Blätterteigfleurons (Halbmonden) garnieren.

Tipp: *Die Blätterteigfleurons können gut einige Tage vorher zubereitet und in einer gut schließenden Dose aufbewahrt werden. Evtl. kurz bei 200 °C etwa 2 Minuten aufbacken.*

Grüner und weißer Spargel zu Salzwiesen-Lammkoteletts

Zutaten

je 750 g grüner und weißer Spargel
Salz
1 Prise Zucker
½ Zitrone
70 g Butterschmalz
8 Salzwiesen-Lammkoteletts à 100 g
frisch gemahlener, grober Pfeffer
3 Knoblauchzehen
je 1 Zweig frischer Rosmarin und Thymian

Für die Sauce:
2 Eigelb (Größe M)
Schale und Saft von ½ Zitrone (unbehandelt)
Salz
1 EL Senf
6 EL Weißwein
125 g kalte Butter

Zubereitungszeit:
50 Minuten

Pro Portion:
E: 37 g, F: 107 g, Kh: 9 g, kJ: 5241, kcal: 1252

KLASSISCH

1 Den weißen Spargel von oben nach unten schälen, darauf achten, dass die Schalen vollständig entfernt, die Köpfe aber nicht verletzt werden, die unteren Enden abschneiden (holzige Stellen vollkommen wegschneiden). Den Spargel abspülen. Den grünen Spargel nur am unteren Drittel schälen. Den weißen Spargel mit Salz, Zucker, Zitronensaft und 20 g Butterschmalz etwa 5 Minuten kochen, anschließend den grünen Spargel zugeben und weitere 10 Minuten kochen. Mit einer Schaumkelle herausnehmen, gut abtropfen lassen, warm stellen.

2 Die Lammkoteletts abspülen, trockentupfen und den äußeren Fettrand mit einem scharfen Messer einschneiden. Mit Pfeffer würzen.

3 Den Knoblauch abziehen und in feine Scheiben schneiden.

4 Kräuter abspülen, trockentupfen und die Blättchen (Nadeln) von den Stengeln zupfen.

5 Das restliche Butterschmalz in einer Pfanne erhitzen. Die Lammkoteletts mit dem Knoblauch und den Kräutern etwa 5 Minuten von beiden Seiten braten. Knoblauch evtl. aus der Pfanne nehmen. Koteletts salzen, mit dem Spargel auf einer Platte anrichten und warm stellen.

6 Für die Sauce Eigelb mit Zitronenschale und -saft, Salz, Senf und Weißwein in einem kleinen Topf im heißen Wasserbad schaumig schlagen. Butter flöckchenweise unter ständigem Rühren zufügen. Den Spargel und die Koteletts mit der Buttersauce servieren.

Tipps: *Nach Belieben mit Kapuzinerkresseblüten und Petersilie verzieren. Dazu passen in Butterschmalz geschwenkte neue Kartoffeln.*

Wildspargel mit Speck

Zutaten

1 kg Wild- oder Thaispargel oder grüner Spargel
Salz
1 Limette
frisch gemahlener, grober Pfeffer
150 g luftgetrockneter Bauchspeck
1 EL Olivenöl

Zubereitungszeit:
25 Minuten

Pro Portion:
E: 5 g, F: 34 g, Kh: 4 g,
kJ: 1465, kcal: 350

SCHNELL

1 Den Spargel evtl. am unteren Ende schälen, Spargel waschen, in Salzwasser 6–8 Minuten bissfest kochen, mit einer Schaumkelle herausnehmen, gut abtropfen lassen und auf Tellern so anrichten, dass sich die Spitzen in der Mitte treffen und die Enden strahlenförmig nach außen zeigen.

2 Auf die Spitzen etwas Limonensaft träufeln und kräftig mit Pfeffer würzen.

3 Den Speck in sehr kleine Würfel schneiden und in Olivenöl etwas auslassen, dabei den Speck nicht zu kross werden lassen. Den Speck mit dem Fett auf den Spargelspitzen verteilen.

Beigabe: *Frisches Bauernbrot oder kurzgebratenes Fleisch, z. B. Schweine- oder Rinderfilet.*

Saltimbocca mit Spargelsalat

Zutaten

Für den Salat:
je 250 g weißer und grüner Spargel
Salzwasser
2 kleine Tomaten
4 Champignons
Kerbelblättchen
2 TL scharfer Senf
2 EL Essig
Salz
frisch gemahlener Pfeffer
4–6 EL Sonnenblumenöl

Für die Saltimbocca:
8 dünne Kalbschnitzel
4 EL Olivenöl
10 frische Salbeiblätter
8 Scheiben luftgetrockneter Schinken

125 g Butter-Sauce Hollandaise (Fertigprodukt)

Zubereitungszeit:
50 Minuten

Pro Portion:
E: 34 g, F: 43 g, Kh: 6 g, kJ: 2422, kcal: 579

FÜR GÄSTE

1 Für den Salat den weißen Spargel von oben nach unten schälen, darauf achten, dass die Schalen vollständig entfernt, die Köpfe aber nicht verletzt werden, die unteren Enden abschneiden (holzige Stellen vollkommen wegschneiden), den Spargel abspülen. Vom grünen Spargel nur das untere Drittel schälen, die holzigen Enden abschneiden. Getrennt in kochendem Wasser etwa 10 Minuten, den grünen 6–8 Minuten bissfest garen, abgießen, gut abtropfen lassen, etwas Spargelwasser aufheben. Anschließend den Spargel in 5 cm große Stücke schneiden.

2 Tomaten waschen, Stängelansätze entfernen, Tomaten achteln. Champignons putzen, evtl. waschen und in Scheiben schneiden. Kerbel abspülen, trockentupfen, die Blätter von den Stängeln zupfen. Senf, Essig, Salz, Pfeffer und etwas Spargelwasser verrühren, Öl unterschlagen und die Vinaigrette mit den Salatzutaten mischen, etwas durchziehen lassen.

3 Für die Saltimbocca Kalbsschnitzel unter fließendem kalten Wasser abspülen, trockentupfen, etwas flach klopfen.

4 1 Esslöffel Öl erhitzen, 8 Salbeiblättchen darin 1 Minute schwenken, herausnehmen und warm stellen.

5 Kalbsschnitzel in dem restlichen Öl von beiden Seiten jeweils 3 Minuten braten, anschließend mit Salz und Pfeffer würzen und mit Schinken und Salbei belegen. Die restlichen Salbeiblätter fein hacken.

6 Butter-Sauce Hollandaise nach Packungsanleitung zubereiten, Kräuter unterrühren und mit Pfeffer abschmecken. Saltimbocca mit der Sauce und dem Salat servieren.

Tipps: *Dazu schmeckt Baguette und ein vollmundiger Weißwein. Eine Sauce Hollandaise selber zubereiten aus 2 Eigelb, Salz, Pfeffer, 4 Esslöffeln Weißwein, 150 g zerlassener, abgekühlter Butter.*

Krebsragout mit jungem Gemüse

Zutaten

32 gekochte Flusskrebse (mit Schale)
4 Schalotten
20 g Butter
2 cl Anislikör
125 ml (⅛ l) Weißwein
250 ml (¼ l) Wasser
Salz
3 weiße Pfefferkörner
12 kleine Möhren
12 grüne Spargelspitzen

Kerbelblättchen für die Garnitur

Zubereitungszeit:
40 Minuten

Pro Portion:
E: 34 g, F: 5 g, Kh: 15 g, kJ: 1253, kcal: 300

KLASSISCH – ETWAS TEURER

1 Von den Krebsen die Schalen lösen und waschen. Den Darm der Krebse evtl. entfernen. Schalotten abziehen, fein hacken und mit den Krebsschalen in der Butter kurz anbraten.

2 Likör, Weißwein und Wasser hinzufügen, etwas Salz und die Pfefferkörner dazugeben, bei schwacher Hitze 10 Minuten kochen. Den Krebsfond durch ein feines Haarsieb gießen.

3 Möhren schälen, waschen und tournieren (in Form schneiden). Spargelspitzen waschen. Möhren und Spargel getrennt in Salzwasser 4–6 Minuten blanchieren.

4 Krebse und Gemüse im Fond erhitzen, in tiefe Teller geben und mit Kerbelblättchen garnieren.

Tipp: *Dazu lauwarmes Stangenweißbrot reichen.*

Veränderung: *Dieses Gericht kann auch gut mit Hummer zubereitet werden: Dazu den gekochten Hummer teilen, das Fleisch herauslösen, beiseite stellen. Die Schalen wie oben angegeben anbraten, mit den Zutaten auffüllen und etwa 20 Minuten kochen. Die entstandene Flüssigkeit durch ein Sieb gießen. Gut schmeckt es, wenn das Hummerfleisch in Stücke geteilt und kurz in zerlassener Butter angebraten wird.*

Gemüsenudeln mit Lachsforelle

Zutaten

250 g dünner grüner Spargel
250 g Zuckerschoten
250 g Möhren
Salzwasser
300 g Nudeln, z. B. Penne
Salzwasser
2 Lachsforellenfilets (je 200 g)
500 ml (½ l) Sauce Béchamel (Fertigprodukt)
Salz
frisch gemahlener Pfeffer

Zubereitungszeit:
30 Minuten

Pro Portion:
E: 35 g, F: 30 g, Kh: 67 g,
kJ: 709, kcal: 2968

SCHNELL

1 Gemüse putzen bzw. schälen und waschen. Spargel in 4 cm lange Stücke schneiden. Zuckerschoten dritteln oder in dicke Streifen schneiden. Möhren in Scheiben schneiden.

2 Spargel und Möhren in reichlich Salzwasser in 6–8 Minuten bissfest garen. 3 Minuten vor Ende der Garzeit die Zuckerschoten hinzufügen. Gemüse abgießen, kurz in kaltes Wasser geben, gut abtropfen lassen.

3 Nudeln in Salzwasser nach Packungsanleitung kochen, abgießen, kurz mit kaltem Wasser übergießen, gut abtropfen lassen.

4 Lachsforellenfilets in 2 cm dicke Streifen schneiden.

5 Nudeln und Gemüse wieder in den Topf zurückgeben. Sauce Béchamel unterrühren. Den Fisch hinzufügen und alles noch einmal 4–5 Minuten mit Deckel gar ziehen lassen. Dabei die Fischstreifen einmal wenden. Zuletzt mit Salz und Pfeffer abschmecken.

Veränderung: *Die Béchamelsauce können Sie auch frisch zubereiten: Dafür 1 in feine Würfel geschnittene Zwiebel und 20 g Weizenmehl in 25 g zerlassener Butter andünsten, bis das Mehl hellgelb ist. 250 ml (¼ l) Milch und 125 ml (⅛ l) Fleischbrühe hinzugießen, mit einem Schneebesen durchschlagen, dabei darauf achten, dass keine Klümpchen entstehen. Die Sauce 5 Minuten kochen lassen, mit Salz und Pfeffer abschmecken. Nach Belieben mit einem Eigelb legieren (nicht mehr kochen lassen).*

Lachsforelle mit Spargel im Soja-Kräuter-Sud

Zutaten

400 g Kartoffeln
500 g grüner Spargel
Speiseöl
Salz
frisch gemahlener Pfeffer
gemahlener Koriander
gemahlene Muskatnuss
3–4 EL Limonensaft

Für den Soja-Kräuter-Sud:
1 Bund gemischte Kräuter, z. B. Dill, Petersilie, Estragon, Schnittlauch, Sauerampfer
125 ml (⅛ l) Fischfond
125 ml (⅛ l) Weißwein
4 EL Sojasauce

1 große Lachsforelle (1 kg)

Zubereitungszeit:
30 Minuten

Pro Portion:
E: 35 g, F: 5 g, Kh: 21 g,
kJ: 1284, kcal: 306

GUT VORZUBEREITEN

1 Kartoffeln gut waschen, mit der Schale in einem Topf mit Wasser 20–25 Minuten kochen.

2 Spargel am unteren Drittel schälen, die unteren Enden abschneiden (holzige Stellen vollkommen wegschneiden). Spargel waschen, in Scheiben schneiden, Spargelspitzen ganz lassen und in heißem Öl in einer Pfanne anbraten.

3 Die garen Kartoffeln abgießen, etwas abkühlen lassen, pellen und in nicht zu dünne Scheiben schneiden. Kartoffel- und Spargelscheiben in eine Schüssel geben, vermischen, mit Salz, Pfeffer, Koriander, Muskat und Limonensaft abschmecken und auf einem 60–70 cm langen Stück Alufolie verteilen.

4 Für den Soja-Kräuter-Sud die Kräuter waschen und grob zerkleinern, mit Fischfond, Wein und Sojasauce in eine Pfanne geben, einmal aufkochen lassen und dann abkühlen lassen.

5 Lachsforelle mit Salz, Pfeffer und Limonensaft würzen, auf das Gemüse legen, dann den Soja-Kräuter-Sud gleichmäßig darübergeben. Die Alufolie fest über dem Fisch verschließen.

6 Das Alupaket in einer feuerfesten Form auf den Rost in den Backofen stellen.

Ober-/Unterhitze: etwa 200 °C (vorgeheizt)
Heißluft: etwa 180 °C (nicht vorgeheizt)
Gas: etwa Stufe 3 (vorgeheizt)
Garzeit: 20–30 Minuten.

7 Die Folie öffnen, die Lachsforelle darin servieren.

Sattmachergratin

Zutaten

- 1 kg weißer Spargel
- 375 ml (3/8 l) Salzwasser
- 1 TL Zucker
- 20 g Butter
- 750 g neue Kartoffeln
- 1 Bund kleine Möhren
- 1 mittelgroße Kohlrabi
- 300 g Broccoli
- 100 g Zuckerschoten
- 30 g Butterschmalz
- 500 g Schweinefilet
- Salz
- frisch gemahlener Pfeffer
- 400 ml Schlagsahne
- 250 g Gouda-Käse, grob gerieben

Zubereitungszeit:
70 Minuten

Pro Portion:
E: 55 g, F: 64 g, Kh: 44 g
kJ: 4173, kcal: 996

RAFFINIERT

1 Den Spargel sorgfältig schälen, holzige Enden abschneiden, waschen. Die Stangen dritteln, in Salzwasser mit Zucker und Butter etwa 8 Minuten garen. Kartoffeln schälen, waschen, längs halbieren. Jede Hälfte in 3 Spalten schneiden.

2 Möhren putzen, schälen, waschen, längs vierteln (je nach Länge nochmals halbieren). Kohlrabi schälen, waschen, halbieren und in Scheiben schneiden.

3 Das Gemüse etwa 10 Minuten bissfest garen. Broccoli waschen, in Röschen teilen. Zuckerschoten waschen und putzen. Broccoli und Zuckerschoten zum Schluss 2 Minuten mitgaren.

4 Alles gut abtropfen lassen, gemischt in eine feuerfeste, große Form füllen. Butterschmalz erhitzen. Fleisch in 2 cm dicke Scheiben schneiden, in dem Fett rundherum anbraten, salzen und pfeffern. Bratenfond mit Sahne verrühren, würzen, zwischen dem Gemüse verteilen. Die Form auf dem Rost in den Backofen schieben und das Gemüse goldbraun backen.

Ober-/Unterhitze: 200–220 °C (vorgeheizt)
Heißluft: etwa 180 °C (nicht vorgeheizt)
Gas: etwa Stufe 4 (vorgeheizt)
Backzeit: etwa 30 Minuten.

Tipp: *Kann auch in einer Fettfangschale zubereitet werden.*

Spargelauflauf

Zutaten

2 altbackene Brötchen (Semmeln)
200 ml Milch
200 g gekochter Schinken
100 g weiche Butter
4 Eigelb (Größe M)
Salz
frisch gemahlener Pfeffer
4 Eiweiß (Größe M)
750 g gegarte, grüne und weiße Spargelstücke
20 g Semmelbrösel
30 g Butterflöckchen

Zubereitungszeit:
45 Minuten

Pro Portion:
E: 26 g, F: 41 g, Kh: 23 g, kJ: 2472, kcal: 590

GUT VORZUBEREITEN

1 Brötchen in Milch einweichen. Schinken in Streifen schneiden.

2 Butter geschmeidig rühren, nach und nach Eigelb unterrühren. Mit Brötchen und Schinkenstreifen vermengen, mit Salz und Pfeffer würzen. Eiweiß steif schlagen, mit den Spargelstücken unterheben.

3 Die Masse in eine gefettete, flache Auflaufform verteilen. Semmelbrösel darüberstreuen und mit Butterflöckchen belegen. Die Form auf dem Rost in den Backofen schieben.

Ober-/Unterhitze: etwa 200 °C (vorgeheizt)
Heißluft: etwa 180 °C (nicht vorgeheizt)
Gas: Stufe 3-4 (vorgeheizt)
Garzeit: etwa 30 Minuten.

Beilage: *Gemischter Blattsalat.*

Spargel-Kartoffel-Auflauf

Zutaten

1 kg grüner Spargel
800 g festkochende Kartoffeln
300 g gekochter Schinken
20 g Butter
150 g (1 Becher) Crème fraîche
125 ml (⅛ l) Schlagsahne
Salz
frisch gemahlener weißer Pfeffer
2 Eier (Größe M)
1 Knoblauchzehe
100 g geriebener Emmentaler

Zubereitungszeit:
65 Minuten

Pro Portion:
E: 37 g, F: 46 g, Kh: 38 g, kJ: 3091, kcal: 737

PREISWERT

1 Den Spargel im unteren Drittel schälen, abspülen und in 3–4 cm lange Stücke schneiden. In kochendem Salzwasser etwa 6 Minuten kochen, abgießen, erkalten lassen.

2 Die Kartoffeln in der Schale in Wasser 20–30 Minuten kochen, abgießen, etwas abkühlen lassen, pellen und in dünne Scheiben schneiden.

3 Den Schinken in kleine Würfel schneiden.

4 Eine feuerfeste Auflaufform ausbuttern und die Spargelstücke mit den Kartoffelscheiben und dem Schinken schichtweise in die Form geben.

5 Die Crème fraîche mit Sahne, Salz, Pfeffer, Eiern und der abgezogenen, gepressten Knoblauchzehe verrühren und über dem Auflauf verteilen. Zuletzt den Käse darüberstreuen. Auf dem Rost in den Backofen schieben.

Ober-/Unterhitze: 180–200 °C (vorgeheizt)
Heißluft: 160–180 °C (nicht vorgeheizt)
Gas: Stufe 3 (vorgeheizt)
Backzeit: etwa 30 Minuten.

Tipps: *Einen gemischten grünen Salat dazureichen. Dieses Rezept kann gut verdoppelt und in eine gefettete Fettfangschale gegeben werden, dann erhöht sich die Backzeit um etwa 10 Minuten. Der Auflauf schmeckt auch lauwarm sehr gut.*

Überbackener Kräuterspargel mit gefüllten Heidekartoffeln

1 Spargel schälen, waschen, in kochendem Salzwasser mit Zucker und Butter etwa 15 Minuten kochen.

2 Einen Teelöffel Butter zerlassen. Tomaten und Schalottenwürfel darin andünsten, mit Salz, Pfeffer würzen, Basilikumblättchen unterrühren.

3 Geriebenen Käse und Crème fraîche verrühren.

4 Spargel gut abtropfen lassen, auf eine feuerfeste Platte legen. Tomaten und Käsemasse darauf verteilen.

5 Kartoffeln halbieren, so aushöhlen, dass ein Rand stehen bleibt, mit Salz und Pfeffer ausstreuen. Zwiebelwürfel und Petersilie in der restlichen Butter andünsten mit der Bratwurstmasse vermischen.

6 Die Bratwurstmasse in die vorbereiteten Kartoffeln füllen.

7 Den Spargel mit der Käsemasse und die gefüllten Kartoffeln 5–6 Minuten unter den vorgeheizten Grill schieben, mit Petersilie bestreuen.

Zutaten

1,5 kg weißer Spargel
Salzwasser
20 g Butter
1 Prise Zucker
4 abgezogene, gewürfelte Fleischtomaten
4 abgezogene, gewürfelte Schalotten
50 g Butter
Salz
frisch gemahlener Pfeffer
4 Zweige frischer Basilikum
160 g geriebener Gouda
1 Becher (150 g) Crème fraîche
8 mittelgroße, gekochte Pellkartoffeln
1 EL gedünstete Zwiebelwürfel
1 EL gehackte Petersilie
3 rohe Bauernbratwürste (350 g)
gehackte Petersilie

Zubereitungszeit:
70 Minuten

Pro Portion:
E: 54 g, F: 58 g, Kh: 43 g, kJ: 4024, kcal: 961

RAFFINIERT

Überbackener Stangenspargel

Zutaten

1,5 kg weißer Spargel
2 l kochendes Salzwasser
1 EL Butter
1 Prise Zucker
4 große enthäutete Fleischtomaten
4 Schalotten
50 g Butter
2 EL feingehackte Basilikumblättchen
frisch gemahlener weißer Pfeffer
160 g Blauschimmelkäse
40 g Crème fraîche

Zubereitungszeit:
45 Minuten

Pro Portion:
E: 19 g, F: 28 g, Kh: 17 g, kJ: 1713, kcal: 409

EINFACH

1 Den Spargel von oben nach unten schälen, darauf achten, dass die Schalen vollständig entfernt, die Köpfe aber nicht verletzt werden. Die Enden abschneiden. Spargel waschen, mit Küchengarn zu 4 Portionen zusammenbinden und in kochendes Salzwasser geben.

2 Die Butter und den Zucker dazugeben, den Spargel zum Kochen bringen, in etwa 15 Minuten gar kochen, den garen Spargel mit einem Schaumlöffel vorsichtig herausnehmen, abtropfen lassen, vom Küchengarn befreien und auf eine gefettete, feuerfeste Platte geben.

3 Die Fleischtomaten halbieren, die Stängelansätze herausschneiden, die Tomaten entkernen und in Würfel schneiden. Die Schalotten abziehen und fein würfeln. Die Butter zerlassen, die Schalottenwürfel darin andünsten, die Tomatenwürfel und das Basilikum hinzufügen, kurz mitdünsten, mit Pfeffer würzen und über den Spargel verteilen.

4 Den Käse mit einer Gabel zerdrücken, mit Crème fraîche verrühren, über die Tomatenwürfel verteilen und das Ganze unter dem vorgeheizten Grill etwa 5 Minuten überbacken.

Tipp: *Neue Kartoffeln und Tomatenröschen dazureichen. Dazu eine feste Tomate rundherum schälen und die Schale wieder aufrollen.*

Veränderung: *Wer den etwas kräftigen Blauschimmelkäse nicht mag, kann auch geriebenen Greyerzerkäse oder Mozzarella verwenden. Gut schmeckt dieses Gericht auch, wenn zusätzlich zu den Tomatenwürfeln Shrimps oder Garnelen hinzugefügt werden.*

Spargel-Lachs-Strudel

Zutaten

Für den Strudelteig:
250 g Weizenmehl
¼ TL Salz
100 ml lauwarmes Wasser
1 EL Speiseöl
1 Ei (Größe S)

75 g zerlassene Butter
400 g geräucherter Lachs (in Scheiben)
2 Becher (je 150 g) Crème fraîche
1 kg blanchierter, weißer Spargel
1 Bund feingeschnittener Dill

Zubereitungszeit:
90 Minuten

Pro Portion:
E: 36 g, F: 57 g, Kh: 54 g,
kJ: 3743, kcal: 896

PREISWERT

1 Für den Strudelteig Mehl in eine Rührschüssel sieben. Salz, Wasser, Öl und Ei hinzufügen. Die Zutaten mit Handrührgerät mit Knethaken zunächst kurz auf niedrigster, dann auf höchster Stufe gut durcharbeiten, anschließend auf der Arbeitsfläche zu einem glatten Teig verkneten. Den Teig auf Backpapier in einen heißen, trockenen Kochtopf legen (vorher Wasser darin kochen), mit einem Deckel verschließen, etwa 30 Minuten ruhen lassen.

2 Den Teig auf einem bemehlten großen Tuch (Küchentuch) ausrollen und mit den Händen vorsichtig zu einem dünnen Rechteck (60 x 40 cm) ausziehen. Dickere Ränder abschneiden. Teig mit der Hälfte der Butter bestreichen. Rechteck halbieren (je 30 x 40 cm), Hälften jeweils mit Lachs belegen, dabei 2 cm am Rand frei lassen.

3 Lachs mit Crème fraîche bestreichen, Spargel darauf verteilen und mit Dill bestreuen. Längsseiten der freigebliebenen Teigränder über die Füllung klappen. Teig aufrollen und an den Enden gut zusammendrücken. Strudel auf ein gefettetes Backblech legen, mit der restlichen Butter bestreichen.

Ober-/Unterhitze: 180–200 °C (vorgeheizt)
Heißluft: 160–180 °C (nicht vorgeheizt)
Gas: Stufe 4–5 (vorgeheizt)
Backzeit: etwa 45 Minuten.

Tipp: *Der Spargel-Lachs-Strudel kann gut eingefroren werden. Nach dem Auftauen bei etwa 200 °C etwa 10 Minuten aufbacken. Der Strudel läßt sich dann einfach mit einem elektrischen Messer in Scheiben schneiden.*

Spargelkuchen

Zutaten

Für den Hefeteig:
250 g Weizenmehl
1 Pck. Trockenhefe
¼ TL Salz
125 ml (⅛ l) lauwarme Milch
50 g zerlassene, abgekühlte Butter
1 Ei (Größe M)

Für den Knetteig:
125 g Weizenmehl
¼ TL Salz
2 EL Wasser
75 g Butter
100 g geraspelter Gouda

Für den Belag:
2 Becher (je 150 g) Crème fraîche
50 ml Milch
2 TL Speisestärke
½ TL Worcestersauce
Salz
frisch gemahlener Pfeffer
1–1,5 kg blanchierter, grüner Spargel
150 g Lachsschinken in Scheiben

Zubereitungszeit:
60 Minuten

Pro Portion:
E: 27 g, F: 60 g, Kh: 81 g, kJ: 4447, kcal: 1062

FÜR GÄSTE

1 Für den Hefeteig Mehl in eine Rührschüssel sieben, mit Trockenhefe sorgfältig vermischen. Salz, Milch, Butter und Ei hinzufügen. Die Zutaten mit Handrührgerät mit Knethaken zunächst auf niedrigster, dann auf höchster Stufe in etwa 5 Minuten zu einem Teig verarbeiten. Den Teig zugedeckt so lange an einem warmen Ort stehen lassen, bis er sich sichtbar vergrößert hat (etwa 20 Minuten).

2 Für den Knetteig Mehl in eine Rührschüssel sieben. Salz, Wasser, Butter und Gouda hinzufügen. Die Zutaten mit Handrührgerät mit Knethaken zunächst kurz auf niedrigster, dann auf höchster Stufe gut durcharbeiten. Anschließend auf der Arbeitsfläche zu einem glatten Teig verkneten, sollte er kleben, ihn eine Zeitlang kalt stellen (20–30 Minuten).

3 Den Hefeteig leicht mit Mehl bestäuben, aus der Schüssel nehmen, mit dem Knetteig auf der leicht bemehlten Arbeitsfläche verkneten. ⅔ des Teiges auf einem gefetteten Backblech ausrollen, Teig nochmals gehen lassen, goldgelb vorbacken.

Ober-/Unterhitze: etwa 200 °C (vorgeheizt)
Heißluft: etwa 180 °C (vorgeheizt)
Gas: etwa Stufe 4 (vorgeheizt)
Backzeit: etwa 10 Minuten.

4 Für den Belag Crème fraîche, Milch und Speisestärke glattrühren, mit Gewürzen abschmecken und die Hälfte auf den vorgebackenen Boden streichen. Einige Spargelstangen mit Lachsschinken umwickeln, gleichmäßig auf dem vorgebackenen Teig verteilen. Restliche Creme in die Zwischenräume bzw. auf die Spargelspitzen geben.

5 Restliches Drittel des Teiges dünn ausrollen, in Streifen (2 x 6 cm) schneiden, in der Mitte drehen und über die Spargel-Schinken-Wickel legen.

Ober-/Unterhitze: etwa 200 °C (vorgeheizt)
Heißluft: etwa 180 °C (vorgeheizt)
Gas: etwa Stufe 4 (vorgeheizt)
Backzeit: etwa 20 Minuten.

Spargelquiche

Zutaten

Für den Teig:
200 g Weizenmehl
½ TL Salz
2 Eigelb (Größe M)
4 EL kaltes Wasser
125 g Butterschmalz

Für den Belag:
500 g weißer Spargel
250 g grüner Spargel
250 ml (¼ l) Gemüsebrühe
150 g gekochter Schinken
1 Bund Kerbel
4 Eier (Größe M)
150 g Schmand
100 g geriebener Emmentaler-Käse
Salz
frisch gemahlener Pfeffer
geriebene Muskatnuss
125 g Cocktailtomaten

Zubereitungszeit:
85 Minuten

Pro Portion:
E: 34 g, F: 65 g, Kh: 47 g,
kJ: 946, kcal: 946

DAUERT ETWAS LÄNGER

1 Für den Teig Mehl, Salz, Eigelb, Wasser und Butterschmalz in einer Rührschüssel mit Handrührgerät mit Knethaken zu einem glatten Teig verarbeiten. Anschließend auf einer bemehlten Arbeitsfläche kurz durchkneten, zu einer Kugel formen. Zugedeckt etwa 30 Minuten ruhen lassen.

2 Für den Belag den weißen Spargel von oben nach unten schälen, darauf achten, dass die Schalen vollständig entfernt, die Köpfe aber nicht verletzt werden, die unteren Enden abschneiden (holzige Stellen vollkommen wegschneiden), den Spargel waschen. Den grünen Spargel dünn schälen (unteres Drittel). Den Spargel in 5 cm lange Stücke schneiden, in der Gemüsebrühe etwa 6 Minuten garen, abtropfen lassen. Den Schinken in Streifen schneiden.

3 Den Kerbel waschen, trockentupfen und die Blättchen hacken.

4 Die Eier mit Schmand, Kerbel, Käse, Salz, Pfeffer und Muskat verquirlen. Die Cocktailtomaten waschen, Stängelansätze herausschneiden, Tomaten evtl. halbieren.

5 Den Teig auf einer bemehlten Arbeitsfläche dünn ausrollen und in eine Tarteform geben, den Rand hochdrücken. Auf dem Rost in den Backofen schieben.

Ober-/Unterhitze: etwa 200 °C (vorgeheizt)
Heißluft: etwa 180 °C (vorgeheizt)
Gas: etwa Stufe 4 (vorgeheizt)
Backzeit: etwa 10 Minuten.

6 Den vorgebackenen Boden etwas abkühlen lassen. Schinken, Spargel und Tomaten auf dem Boden verteilen und den Eier-Käse-Guss darübergießen. Weitere 25 Minuten backen.

Spargel-Torte

Zutaten

250 g Weißbrotscheiben (6–8 Stück)
100 g Butter
600 g gekochter weißer und grüner Spargel
125 g Parmaschinken
4 Eier (Größe M)
125 ml (⅛ l) Milch
125 ml (⅛ l) Schlagsahne
Salz
frisch gemahlener Pfeffer
geriebene Muskatnuss
2 EL geriebener Parmesan-Käse

Zubereitungszeit:
55 Minuten

Pro Portion:
E: 25 g, F: 52 g, Kh: 37 g
kJ: 3144, kcal: 752

EINFACH

1 Die Weißbrotscheiben entrinden und eine Pie- oder Tortenfom damit auslegen, am Rand hochdrücken. Die Butter zerlassen, die Weißbrotscheiben damit beträufeln.

2 Den gekochten Spargel sternförmig darauf anordnen. Den Parmaschinken in kleine Würfel schneiden, über den Spargel streuen.

3 Die Eier mit Milch, Schlagsahne, Salz, Pfeffer, Muskat und Parmesan verschlagen, über den Spargel gießen. Die Form auf dem Rost in den Backofen schieben.

Ober-/Unterhitze: etwa 200 °C (vorgeheizt)
Heißluft: etwa 180 °C (nicht vorgeheizt)
Gas: etwa Stufe 3 (vorgeheizt)
Backzeit: etwa 30 Minuten.

Gemüsetorte mit Spargel und Broccoli

Zutaten

450 g TK-Blätterteig
(10 Scheiben)

Für den Belag:
300 g weißer Spargel
250 g Broccoliröschen
1 kleine gehackte Frühlingszwiebel
100 g Zucchini in Scheiben
¼ Bund Schnittlauch
1 Ei (Größe M)
1 Eigelb (Größe M)
50 ml Schlagsahne
1 Pck. (250 ml) Sauce Hollandaise (Fertigprodukt)
20 g geriebener Greyerzer-Käse
Salz
frisch gemahlener Pfeffer
geriebene Muskatnuss

Zubereitungszeit:
80 Minuten

Pro Portion:
E: 14 g, F: 57 g, Kh: 45 g,
kJ: 3147, kcal: 752

PREISWERT

1 Den Blätterteig zugedeckt nach Packungsanleitung auftauen lassen. 5 Scheiben übereinander legen, auf der gemehlten Arbeitsfläche dünn ausrollen und auf den Boden einer Springform (Ø 26 cm, gefettet und mit Mehl bestäubt) legen, mit der Gabel mehrmals einstechen. Aus den anderen 5 Scheiben einen Rand herstellen, dazu die Scheiben einmal halbieren, an den Rand stellen und fest andrücken.

2 Für den Belag den Spargel von oben nach unten schälen, darauf achten, dass die Schalen vollständig entfernt, die Köpfe aber nicht verletzt werden, die unteren Enden abschneiden (holzige Stellen vollkommen entfernen), den Spargel abspülen und in 3 cm lange Stücke schneiden. Den Spargel und den Broccoli in gesalzenem Wasser 4 Minuten kochen. Kalt abschrecken und abtropfen lassen.

3 Den feingeschnittenen Schnittlauch, Broccoli, Spargel, Frühlingszwiebel und Zucchini in eine Schüssel geben und vermengen. Ei, Eigelb, Sahne, 150 ml Sauce Hollandaise und den Käse verschlagen und zu dem Gemüse gießen. Gut vermengen und mit Salz, Pfeffer und Muskat würzen. Das Gemüse-Eier-Gemisch auf dem Teig in der Form verteilen und auf dem Rost in den Backofen schieben.

Ober-/Unterhitze: etwa 180 °C (vorgeheizt)
Heißluft: etwa 160 °C (nicht vorgeheizt)
Gas: Stufe 3–4 (vorgeheizt)
Backzeit: etwa 45 Minuten.

4 Die restliche Sauce Hollandaise (100 ml) nach Packungsanleitung erhitzen. Die Gemüsetorte aus dem Ofen nehmen, aus der Form lösen und zusammen mit der Sauce Hollandaise servieren.

Spargelröllchen asiatisch mit süß-saurer Sauce

Zutaten

Für die Sauce:
200 ml Wasser
200 ml Essig
200 g Zucker
2 rote Pfefferschoten
2 Prisen Salz
1 EL geriebene Möhre

Für die Spargelröllchen:
2 EL Speiseöl, 1 EL Sesamöl
500 g gemischter Spargel (weiß, grün), geschält
je TL Ingwerwurzel und Knoblauch, fein gehackt
je 1 Prise Salz, Pfeffer, Zucker
28 TK-Reispapierblätter (aus dem Asiashop)

Speiseöl zum Ausbacken

Zubereitungszeit:
50 Minuten

Pro Portion:
E: 4 g, F: 14 g, Kh: 68 g
kJ: 1794, kcal: 429

RAFFINIERT

1 Für die Sauce Wasser, Essig und Zucker in einem kleinen Topf aufkochen.

2 Pfefferschoten waschen, halbieren, Stiele, Kerne und weiße Scheidewände entfernen. In feine Würfel schneiden. Mit dem Salz in einen Mörser füllen und gut zerstoßen.

3 Die Masse zum Essigwasser geben. Mit den Möhren sirupartig einkochen. Erkalten lassen.

4 Für die Spargelröllchen Öl erwärmen, in 3 cm lange Stücke geschnittenen Spargel, Ingwer und Knoblauch hinzugeben. Einige Minuten braten. Mit Gewürzen abschmecken. Erkalten lassen.

5 Die Reispapierblätter portionsweise (damit sie nicht austrocknen) nebeneinander legen, mit etwas Füllung belegen. Zuerst die Seiten darüber schlagen, dann einrollen, evtl. mit einem Zahnstocher feststecken.

6 Die Röllchen schwimmend in heißem Öl goldbraun backen. Die Spargelröllchen mit der Sauce servieren.

Tipp: *Die Sauce hält sich in einem Glas mit Schraubdeckel-Verschluß etwa 4 Wochen im Kühlschrank. Die Spargelröllchen schmecken auch sehr gut zu Frühlingsrollen oder Garnelen im Knusperteig.*

Thaispargel im Wok

Zutaten

2 Portionen

300 g Rinderfilet
1 EL Speisestärke
3 EL Sojasauce
½ TL Backpulver
1 ½ EL Sesamöl
150 g frischer Thai- oder Wildspargel
1 rote Chilischote, vorbereitet, gewürfelt
1 EL rote Paprikawürfel
3 Ananasscheiben (aus der Dose), halbiert
6 Maiskölbchen (aus dem Glas)
1 EL gehobelte Kokosnuss
4 EL Kokosmilch (aus der frischen Nuss)
5 EL Hühnerbrühe
frisch gemahlener schwarzer Pfeffer
frische Korianderblättchen

Zubereitungszeit:
30 Minuten, ohne Marinierzeit

Pro Portion:
E: 40 g, F: 20 g, Kh: 31 g
kJ: 1998, kcal: 478

RAFFINIERT

1 Das Filet unter fließendem kalten Wasser abspülen und trockentupfen. Das Fleisch quer zur Faser zuerst in Scheiben, dann in feine Streifen schneiden. Mit Speisestärke, 1 Esslöffel Sojasauce, Backpulver und 1 Esslöffel Sesamöl vermengen und 1 Stunde zugedeckt kalt stellen.

2 Den Spargel waschen und nach Belieben in längere Stücke schneiden.

3 Öl in einer Pfanne oder im Wok erhitzen, Fleisch nebeneinander hineinlegen und schnell darin schwenken.

4 Sobald das Fleisch die rote Farbe verloren hat, herausheben und zur Seite stellen.

5 Chiliwürfel, Paprikawürfel, halbierte Ananas, Maiskölbchen und Kokosnuss in den Wok geben, ebenfalls kurz braten.

6 Kokosmilch, Hühnerbrühe, Pfeffer und Fleisch zugeben, nochmals kurz erhitzen. Mit Korianderblättchen servieren.

Tipp: *Dazu Kokosreis in einer halben Kokosnuss servieren.*

Veränderung: *Wenn Sie keinen Thaispargel bekommen, können Sie auch dünnen grünen Spargel verwenden. Sie können dieses Gericht auch variieren, z. B. mit Frühlingszwiebeln, Zuckerschoten oder gelben und grünen Paprikaschoten.*

Tempura von Ährenspargel mit Ingwersauce

Zutaten

2 Bund (400 g) wilder oder Ährenspargel

Für den Ausbackteig:
2 Eier (Größe M)
75 g Speisestärke
75 g Weizenmehl
100 ml Wasser
100 ml Weißwein
Salz
frisch gemahlener Pfeffer

Für die Ingwersauce:
2 Tomaten
1 kleines Stück frische Ingwerwurzel
100 g Zucker
125 ml (⅛ l) Weinessig
1 TL Tomatenmark
Salz
einige Stängel frische Minze

Traubenkernöl zum Ausbacken

Zubereitungszeit:
55 Minuten

Pro Portion:
E: 10 g, F: 9 g, Kh: 59 g,
kJ: 1612, kcal: 385

FÜR GÄSTE

1 Ährenspargel waschen, nicht schälen, nur die unteren Enden etwa ½ cm dick abschneiden. Den Spargel in kochendem Wasser blanchieren, abtropfen lassen.

2 Für den Ausbackteig Eier trennen, Eigelb mit Speisestärke, Weizenmehl, Wasser und Weißwein verschlagen, darauf achten, dass keine Klümpchen entstehen, den Teig mit Salz und Pfeffer würzen. Eiweiß steif schlagen und unterheben.

3 Für die Sauce die Tomaten kurze Zeit in kochendes Wasser legen (nicht kochen lassen), in kaltem Wasser abschrecken, enthäuten, die Stängelansätze herausschneiden. Das Fruchtfleisch in kleine Würfel schneiden. Die Ingwerwurzel schälen, abspülen und fein raspeln.

4 Zucker und Essig aufkochen, die Tomaten, den Ingwer und das Tomatenmark hineingeben, mit Salz abschmecken. Die Minze abspülen, trockentupfen, in feine Streifen schneiden, in die Sauce geben (nicht mehr kochen lassen!).

5 Das Traubenkernöl auf 180 °C erhitzen. Den Ährenspargel mit Hilfe von 2 Gabeln durch den Ausbackteig ziehen, etwas abtropfen lassen, im heißen Fett schwimmend ausbacken. Auf Tellern anrichten, mit der Sauce als Vorspeise servieren.

Spargel-Thymian-Ragout

1 Kartoffeln waschen, schälen, achteln und in Salzwasser etwa 15 Minuten garen.

2 Den weißen Spargel von oben nach unten schälen, darauf achten, dass die Schalen vollständig entfernt, die Köpfe aber nicht verletzt werden, die unteren Enden abschneiden (holzige Stellen vollkommen wegschneiden), den Spargel abspülen. Den grünen Spargel nur am unteren Drittel schälen. In Salzwasser mit Zitronenscheibe und etwas Zucker garen.

3 Zwiebel abziehen, würfeln und in der Margarine andünsten. Mehl dazugeben, anschwitzen und mit Brühe ablöschen. Frischkäse einrühren und bei milder Hitze 2 Minuten köcheln lassen.

4 Heißen Spargel dazugeben und mit Salz, Pfeffer, Thymian und Senf würzen.

5 Das Ragout mit Kartoffeln und Schinken anrichten und nach Wunsch mit Tymian garnieren.

Zutaten

750 g neue Kartoffeln
Salz
1 kg Spargel (weiß und grün)
1 Zitronenscheibe (unbehandelt)
1 kleine Zwiebel
1 EL Margarine
1 EL Weizenmehl
250 ml (¼ l) Gemüsebrühe
150 g Bresso Feines Duo (französischer Frischkäse mit Kräutern)
frisch gemahlener Pfeffer
1 TL gehackte frische Thymianblättchen
1 Msp. Senf
8 Scheiben roher Schinken

Zubereitungszeit:
40 Minuten

Pro Portion:
E: 24 g, F: 34 g, Kh: 39 g
kJ: 2466, kcal: 588

RAFFINIERT

Spargeltortilla

Zutaten

1 kg grüner Spargel
2 Frühlingszwiebeln
1 rote Paprikaschote
1 Bund glatte Petersilie
25 g Butterschmalz
8 Eier (Größe M)
125 ml (⅛ l) Schlagsahne
Salz
frisch gemahlener Pfeffer
geriebene Muskatnuss
200 g Mozzarella

Zubereitungszeit:
45 Minuten

Pro Portion:
E: 31 g, F: 40 g, Kh: 8 g
kJ: 2280, kcal: 545

PREISWERT

1 Vom Spargel nur das untere Drittel schälen (holzige Stellen wegschneiden). Den Spargel abspülen und in 3 cm lange Stücke schneiden.

2 Frühlingszwiebeln putzen, waschen, in 1 cm dicke Ringe schneiden. Paprika halbieren, entstielen, entkernen, die weißen Scheidewände entfernen, die Schote waschen und in feine Würfel schneiden. Petersilie abspülen, trockentupfen, die Blättchen von den Stängeln zupfen und grob hacken.

3 Butterschmalz in einer großen, beschichteten Pfanne erhitzen. Gemüse hinzugeben und kurz anbraten.

4 Die Eier mit Sahne, Gewürzen und Petersilie verrühren, über das Gemüse geben.

5 Mit in Scheiben geschnittenem Mozzarella belegen und bei milder Temperatur zugedeckt 10–15 Minuten stocken lassen.

6 Mit Pfeffer bestreuen und in Tortenstücke geschnitten servieren.

Tipp: *Wer keine so große Pfanne besitzt, kann nacheinander 2 Tortillas backen und die erste Tortilla so lange warm stellen.*

Veränderung: *Statt Mozzarella kann auch eine Mischung aus geriebenem Gouda und Parmesan auf die Tortilla gestreut werden. Dazu schmeckt ein gemischter Blattsalat.*

Spargel venetianisch

(Foto)

Zutaten
1 kg weißer Spargel
1 kg grüner Spargel
Salzwasser, Zucker
etwas Butter, 1 EL Olivenöl
8 Eier (Größe M)
Pfeffer, grobes Meersalz
250 ml (¼ l) Olivenöl
evtl. 8 EL Rotweinessig

Zubereitungszeit:
60 Minuten

Pro Portion:
E: 23 g, F: 76 g, Kh: 8 g
kJ: 3562, kcal: 850

EINFACH

1 Weißen Spargel von oben nach unten schälen, beim grünen Spargel nur das untere Drittel schälen, die unteren Enden abschneiden (holzige Stellen vollkommen wegschneiden). Spargel abspülen, in Stücke schneiden und in Salzwasser knapp gar kochen. Weißen Spargel 10–12 Minuten, grünen Spargel 8–10 Minuten kochen.

2 Die Eier wachsweich kochen (etwa 4 Minuten).

3 Den Spargel auf einer vorgewärmten Platte anrichten. Die Eier pellen, grob hacken, sofort auf den Spargel verteilen, mit Salz und Pfeffer bestreuen.

4 Olivenöl darüber geben. Nach Belieben mit Rotweinessig würzen.

Tipp: *Frisch aufgebackenes Ciabatta-Brot dazureichen.*

Spargel auf griechische Art

Zutaten
600 g weißer Spargel
4 EL Olivenöl
1 EL Zitronensaft
1 EL Kräuteressig
1 TL Senf, Salz

Zubereitungszeit:
20 Minuten

Pro Portion:
E: 2 g, F: 12 g, Kh: 2 g,
kJ: 561, kcal: 134

PREISWERT

1 Den Spargel schälen und in Salzwasser kochen.

2 Für die Sauce das Olivenöl mit Zitronensaft und Essig verquirlen und dabei den Senf unterrühren. Leicht salzen und über den abgetropften, in Stücke geschnittenen Spargel gießen.

3 Vor dem Servieren mehrfach wenden.

Tipp: *Den Spargel als Vorspeise servieren. Als Hauptgericht die Zutatenmengen verdoppeln.*

Spargel Mailänder Art

Zutaten

4–6 Portionen

2 kg weißer Spargel
1 l Wasser
1 TL Salz
1 TL Zucker
30 g Butter
200 g Pökelzunge oder gekochter Schinken (in Scheiben)
150 g Champignons
2 Fleischtomaten
1 Bund Basilikum
Salz
frisch gemahlener Pfeffer
200 g italienischer Weichkäse
40 g geriebener Parmesan

Zubereitungszeit:
90 Minuten

Pro Portion:
E: 27 g, F: 25 g, Kh: 10 g, kJ: 1659, kcal: 396

RAFFINIERT

1 Spargel von oben nach unten schälen, die unteren Enden abschneiden (holzige Stellen vollkommen wegschneiden). Wasser mit Salz, Zucker und Butter zum Kochen bringen. Spargel hineingeben, etwa 15 Minuten kochen, abtropfen lassen und in eine gefettete, feuerfeste Form geben.

2 Pökelzunge oder Schinken in Streifen schneiden. Champignons putzen, mit Küchenpapier abreiben, evtl. abspülen und in Scheiben schneiden.

3 Tomaten kurz in kochendes Wasser legen (nicht kochen lassen), in kaltem Wasser abschrecken, enthäuten, halbieren, entkernen, Stängelansätze herausschneiden und Fruchtfleisch in Streifen schneiden. Basilikum abspülen, trockentupfen, die Blättchen von den Stängeln zupfen und in Streifen schneiden.

4 Pökelzunge oder Schinken, Champignons, Tomaten und Basilikum mit Salz und Pfeffer würzen und auf dem Spargel verteilen.

5 Käse würfeln, über den Spargel verteilen und mit Parmesan bestreuen. Die Form auf dem Rost in den Backofen schieben und überbacken, bis der Käse hellbraun wird.

Ober-/Unterhitze: etwa 200 °C (vorgeheizt)
Heißluft: etwa 180 °C (vorgeheizt)
Gas: Stufe 3–4 (vorgeheizt)
Backzeit: etwa 15 Minuten.

Spargelrisotto Milano

1 Frühlingszwiebeln putzen, waschen und in Scheiben schneiden. Das untere Drittel des Spargels schälen, die Enden abschneiden, Spargel abspülen, in Stücke schneiden.

2 Öl in einem Topf erhitzen. Reis, Frühlingszwiebeln und durchgepressten Knoblauch 1 Minute darin unter Rühren dünsten. Brühe dazugießen, Spargel hinzufügen. Nach dem Aufkochen einmal umühren, etwa 15 Minuten bei schwacher Hitze ausquellen lassen.

3 Butter und Parmesan vorsichtig untermischen, mit Pfeffer würzen und mit gehacktem Basilikum bestreuen.

Tipp: *Dazu schmeckt Parmaschinken.*

Veränderung: *Dieses Gericht kann man auch mit Polentagrieß (Maisgrieß) zubereiten: Dazu 750 ml (¾ l) Hühnerbrühe aufkochen, den Grieß einstreuen und bei schwacher Hitze etwa 40 Minuten ausquellen lassen. Die Spargelstücke kurz in etwas zerlassener Butter andünsten und etwa 15 Minuten vor Ende der Ausquellzeit in die Polenta geben.*

Zutaten

2 Frühlingszwiebeln
500 g grüner Spargel
2 EL Olivenöl
250 g italienischer Risottoreis
1 abgezogene Knoblauchzehe
750 ml (¾ l) Hühnerbrühe
2 EL Butter
50 g frisch geriebener Parmesan
frisch gemahlener Pfeffer
1 Bund Basilikum

Zubereitungszeit:
30 Minuten

Pro Portion:
E: 13 g, F: 19 g, Kh: 12 g, kJ: 1206, kcal: 288

SCHNELL

Spargelrisotto

Zutaten

2 Zwiebeln
4 EL Olivenöl
250 g Risottoreis,
z. B. Arvorio oder Vialone
Salz
½ Döschen Safranpulver
650 ml Geflügelbrühe
750 g grüner Spargel
100 ml Schlagsahne
3–4 EL gehobelter Parmesan
frisch gestoßener schwarzer
Pfeffer

Zubereitungszeit:
40 Minuten

Pro Portion:
E: 15 g, F: 26 g, Kh: 55 g
kJ: 2252, kcal: 538

RAFFINIERT

1 Zwiebeln abziehen und fein würfeln. In einem Topf Öl erhitzen, die Zwiebelwürfel darin glasig dünsten.

2 Reis hinzugeben, salzen, Safran hinzufügen. Brühe nach und nach dazugießen. Nach Anleitung auf der Packung garen (es gibt unterschiedlich behandelten Reis mit unterschiedlichen Garzeiten). Gelegentlich umrühren.

3 Den Spargel am unteren Drittel schälen, die Enden abschneiden, den Spargel waschen, in 3 cm lange Stücke schneiden. Mit der Sahne 10 Minuten im Risotto garen.

4 Risotto auf eine Servierplatte häufen, mit Parmesan und Pfeffer bestreuen.

Tipp: *Sie können zusätzlich gegarte Scampi auf das Risotto geben oder auch Flusskrebse. Für Risotto immer Risotto-Reis verwenden, diese Sorten werden auch als Mittelkornreis bezeichnet, da sie in ihren Eigenschaften zwischen Rund- und Langkornreis liegen. Nur diese Risotto-Reis-Sorten verbinden sich optimal mit der Flüssigkeit.*

Ährenspargelrisotto mit Morcheln

Zutaten

80 g Wildreis
1 kleine Schalotte
50 g Butter
1 EL Olivenöl
50 ml Weißwein
80 g Risottoreis, z. B. Avorio
600 ml Geflügelbrühe

1 Bund (200 g) wilder oder Ährenspargel
20 g getrocknete Morcheln
1 TL Butter
50 g frisch geriebener Parmesan
Salz
frisch gemahlener Pfeffer

Zubereitungszeit:
80 Minuten

Pro Portion:
E: 14 g, F: 22 g, Kh: 35 g,
kJ: 1682, kcal: 402

FÜR GÄSTE – ETWAS TEURER

1 Wildreis nach Packungsanleitung einweichen und abtropfen lassen (evtl. etwas vorkochen).

2 Die Schalotte abziehen, würfeln.

3 Die Hälfte der Butter und das Öl in einem großen Topf zerlassen, die Schalotte darin hellgelb andünsten, den Weißwein hinzugießen und etwas einkochen lassen. Den wilden Reis und den Risottoreis hinzufügen. Etwas Geflügelbrühe aufgießen. Die Brühe verkochen lassen und erneut mit Brühe aufgießen, etwa 30 Minuten kochen lassen.

4 Ährenspargel waschen, nicht schälen, nur die unteren Enden etwa ½ cm abschneiden. Die Morcheln nach Packungsanleitung einweichen, mehrmals gründlich waschen, der Länge nach halbieren, in kochendem Wasser blanchieren, etwas abkühlen lassen. In der Butter kurz braten.

5 Morcheln und Ährenspargel in das Risotto geben und weitere 3 Minuten garen. Das Risotto vom Herd nehmen, die restliche Butter und den Parmesan darunterziehen. Das Risotto mit Salz und Pfeffer abschmecken.

Tipp: *Das Risotto mit Blätterteigröllchen servieren.*

Pizza mit Hummer und grünem Spargel

Zutaten

Für den Pizzateig:
220 g Weizenmehl (Type 550)
2 TL Trockenhefe
60 ml lauwarmes Wasser
50 g Schweineschmalz
½ TL Zucker, 1 TL Salz

Für den Belag:
8 Stangen grüner Spargel
1 Dose (400 g) Tomaten in Stücken
Salz
frisch gemahlener Pfeffer
½ Bund Basilikum, fein geschnitten
2 EL Olivenöl
Fleisch von 2 ganzen, gekochten Hummern
150 g geraspelter Mozzarella

4 EL Crème fraîche
evtl. 2 EL Hummeröl

Zubereitungszeit:
75 Minuten

Pro Portion:
E: 40 g, F: 42 g, Kh: 45 g
kJ: 3190, kcal: 762

FÜR GÄSTE – ETWAS TEURER

1 Für den Pizzateig Mehl in eine Rührschüssel sieben, mit Trockenhefe sorgfältig vermischen. Wasser, Schmalz, Zucker und Salz hinzufügen. Die Zutaten mit Handrührgerät mit Knethaken zunächst auf niedrigster, dann auf höchster Stufe in etwa 5 Minuten zu einem glatten Teig verarbeiten. Zugedeckt an einem warmen Ort so lange stehen lassen, bis er sich sichtbar vergrößert hat.

2 Den Teig aus der Schüssel nehmen, auf der Arbeitsfläche kurz durchkneten, in vier Portionen teilen. Jede Portion zu einer runden Platte (Ø etwa 14 cm) ausrollen. Auf mit Olivenöl gefettete Backbleche legen.

3 Für den Belag Tomaten mit dem Saft mit Salz, Pfeffer und Basilikum mischen und gleichmäßig auf den vorbereiteten Teig streichen, am Rand etwas frei lassen. Mit etwas Olivenöl beträufeln und in den Backofen schieben.

Ober-/Unterhitze: etwa 220 °C (vorgeheizt)
Heißluft: etwa 200 °C (vorgeheizt)
Gas: Stufe 3–4 (vorgeheizt)
Backzeit: etwa 5 Minuten.

4 Spargel nur am unteren Drittel schälen, gerade schneiden, abspülen, in kochendem Salzwasser blanchieren und längs halbieren.

5 Die Pizzen mit dem Hummerfleisch und dem Spargel belegen. Mit dem Mozzarella bestreuen und wieder in den Backofen schieben.

Ober-/Unterhitze: etwa 200 °C (vorgeheizt)
Heißluft: etwa 180 °C (vorgeheizt)
Gas: Stufe 2–3 (vorgeheizt)
Backzeit: 5–10 Minuten.

6 Pizza aus dem Backofen nehmen und mit je einem Esslöffel Crème fraîche und evtl. etwas Hummeröl beträufeln.

Ratgeber

In Deutschland und den angrenzenden Ländern reicht die Spargelsaison von Mitte April bis zum 24. Juni, dem Johannistag. Im südlichen Europa, wie Griechenland, Spanien, Italien und Frankreich beginnt die Saison schon im März. Doch auch dort muß der Spargel eine Ruhezeit einhalten, damit die Wurzel weiterwachsen kann. Denn nur so kann im nächsten Jahr wieder Spargel gestochen werden. Wer außerhalb der europäischen Saison nicht auf den König der Gemüse verzichten möchte, kann auf Importe aus Übersee, z. B. aus Argentinien, Südafrika oder Kalifornien zurückgreifen.

Unterschieden werden beim Spargel drei verschiedene Arten und unzählige Sorten mit so hübschen Namen wie „Ruhm von Braunschweig“ und „Schwetzinger Meisterschuß“. Die drei Arten sind wilder Spargel, weißer Spargel und grüner Spargel.

Der **wilde Spargel** ist vor allem in Frankreich, Italien, Spanien und Südostasien beliebt. Der wilde Spargel, auch Ährenspargel oder Thaispargel genannt, ist sehr dünn und tiefgrün. Der Geschmack ist leicht bitter.

Der **weiße Spargel** hat dicke Stangen, ist fest im Fleisch und von fein-mildem, aromatischem Geschmack. Seine Hauptanbaugebiete liegen bei Schwetzingen, in den Vierlanden bei Hamburg, bei Braunschweig und in den Sandböden der Mark. Im Frühjahr wird auch aus den Niederlanden, Belgien, Spanien, Griechenland und Frankreich Spargel eingeführt. In Deutschland wird der weiße Spargel mit weißen Köpfen

bevorzugt, während die Franzosen und Italiener weiße Stangen mit violetten oder grünen Köpfen schätzen. Diese sind würziger im Geschmack.

Deutscher Spargel hat 25–30 cm lange Stangen, die unterirdisch wachsen und aus hügelartigen Beeten gestochen werden, sobald der Spargelkopf die Erde leicht anhebt. Wenn der Spargel seinen Kopf herausgestreckt hat, verändert er seine Farbe und wird an der Luft zart rosa bis violett.

Beim Einkauf sollte man darauf achten, dass die Köpfe hell und fest geschlossen sind. Beim Zusammendrücken der Enden sollte eine wasserhelle Flüssigkeit austreten. Die Enden müssen sauber gestochen sein, die Stangen dürfen keine braunen Stellen aufweisen, und die äußere Haut darf nicht trocken sein. Für Suppen, Ragouts, Terrinen und Mousse können Sie auch den Bruch- oder den dünneren Suppenspargel verwenden.

Ratgeber

Grüner Spargel wird heute in größerem Umfang kultiviert als früher. Er ist weniger aufwendig in der Kultur, hat einen intensiven Geschmack und muß nur am Ende geschält und etwas gekürzt werden. Der grüne Spargel sollte eine maigrüne Farbe haben und ebenfalls knackig frisch sein.

Spargel sollte möglichst an dem Tag gegessen werden, an dem er gestochen wurde oder wenigstens am Tag des Einkaufs. Läßt es sich nicht vermeiden, dass er aufbewahrt wird, hält er sich am besten in feuchte Tücher eingeschlagen im Gemüsefach des Kühlschranks oder an einem anderen kühlen Ort.

Aber vor dem Genuß steht noch etwas Mühe: Etwa 8–10 Stangen weißer Spargel oder die entsprechende Menge grüner oder Wildspargel (etwa 500 g) müssen pro Portion vorbereitet bzw. geschält werden: Vorsichtig und knapp, vom Kopf zum Ende. Die Stengelenden sollten etwas gekürzt und alle holzigen Stellen sorgfältig entfernt werden.

Ratgeber

Es gibt verschiedene Sparschäler, die das Schälen der weißen Stangen erleichtern. Wie der Spargel am besten gegart wird, darüber streiten die Kenner. Schon Fontane schreibt, dass der Spargel am besten aufrecht stehend gegart wird. Zuerst wird aus allen gut gesäuberten Schalen mit Butter, Zucker und Salz ein Sud gekocht. Dann werden die Stangen so in einen Dämpfeinsatz hineingestellt, dass die Köpfe aus dem Kochwasser ragen und nur im Dampf garen, damit sie nicht zerfallen.

Es gibt auch längliche Töpfe mit Dämpfeinsatz, in denen der Spargel liegend in wenig Wasser, mit etwas Butter gegart wird. Die Garzeit für weißen Spargel beträgt 15–25 Minuten, je nach Frische und Dicke der Spargelstangen. Grüner Spargel sollte zwischen 8–15 Minuten gegart werden. Wilder oder Thaispargel braucht höchsten 8–10 Minuten.

Dann wird der Spargel mit dem Dämpfeinsatz oder mit einer Spargelzange aus der Garflüssigkeit gehoben und auf einer vorgewärmten Platte serviert. Dazu reicht man zerlassene Butter, die man auf einem Rechaud warm halten kann. Pro Person rechnet man bei einem Hauptgericht 300–600 g, als Beilage mindestens 200 g Spargel.

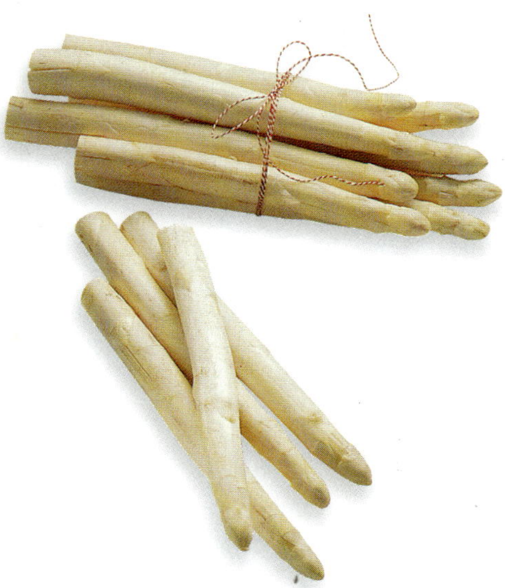

Ratgeber

Kapitelregister

Suppen

Salate & Vorspeisen

Spargel mit Ei & Sauce

Kapitelregister

Alphabetisches Register

Alphabetisches Register

Die Rezepte in diesem Buch sind von Autor und Verlag sorgfältig erwogen und geprüft, dennoch kann eine Garantie nicht übernommen werden. Eine Haftung des Autors bzw. des Verlages und seiner Beauftragten für Personen-, Sach- und Vermögensschäden ist ausgeschlossen.

Umwelthinweis

Dieses Buch und der Einband wurden auf chlorfrei gebleichtem Papier gedruckt. Die Einschrumpffolie – zum Schutz vor Verschmutzung – ist aus umweltverträglichem und recyclingfähigem PE-Material.

Die Rezepte aus diesem Buch sind – wenn nicht anders angegeben– für 4 Personen berechnet.
Bitte beachten Sie bei Gasherden die Gebrauchsanleitung des Herstellers.
Wenn Sie Anregungen, Vorschläge oder Fragen zu unseren Büchern haben, rufen Sie uns unter folgender Nummer an: (05 21) 52 06 50 oder schreiben Sie uns.
Wir antworten umgehend:
Ceres Verlag, Rudolf August Oetker KG, Redaktion,
Am Bach 11, 33602 Bielefeld

Die Schreibweise in diesem Buch entspricht den Regeln der neuen Rechtschreibung.

Wir danken für die freundliche Unterstützung

CMA-Butterschmalz, Gabriele Fiedler PR, Hamburg
Food Professionals, Sprockhövel
Dr. Muth, PR, Hamburg
Ketchum PR, München
SOPEXA, Düsseldorf

Redaktion: Carola Reich

Fotos
Titelfoto: Thomas Diercks, Hamburg

Innenfotos:
Bernd Lippert, Bielefeld
Thomas Diercks, Hamburg
Herbert Maass, Hamburg
Christiane Pries, Borgholzhausen
Norbert Toelle, Bielefeld
Brigitte Wegner, Bielefeld
Kramp & Gölling, Hamburg
Bernd Wohlgemuth, Hamburg

Rezeptentwicklung: Claudia Glünz-Wunder, Nordhorn

Rezeptentwicklung und -beratung:
Heide Hagendorf, Bad Rothenfelde
Mechthild Plogmaker, Bielefeld

Grafisches Konzept: Björn Carstensen, Hamburg
Gestaltung: Kontur Design, Bielefeld
Titelgestaltung: Kontur-Design, Bielefeld

Reproduktionen: Kruse Reproduktionen, Vreden
Satz: Typografika, Bielefeld
Druck und Bindung: Mohndruck Graphische Betriebe GmbH, Gütersloh

ISBN 3-7670-0232-9